Laurent Joubert

CE QUE DIT LA NATURE...

DANS LE BOIS

par Solange Duflos et René Brandicourt

© Hatier 1976, Paris
ISBN 2 218 **03445** x

Pourriez-vous imaginer la France couverte de forêts au point qu'un Écureuil aurait pu — on l'affirme du moins — se rendre de la Seine à la Garonne en bondissant de branche en branche sans jamais toucher le sol ?

C'est très difficile, n'est-ce pas, de se représenter cette immense forêt primitive telle qu'elle était encore au début du Moyen-Âge. Mille légendes ne faisaient qu'augmenter la crainte avec laquelle les hommes pénétraient dans ce profond domaine où abondaient les bêtes sauvages. C'est peut-être un peu de cette crainte ancestrale qui remonte en nous lorsque nous sommes étreints d'une sorte d'angoisse au milieu d'un grand bois.

Nous ne connaissons plus aujourd'hui cette immense forêt médiévale : les arbres ont reculé devant la volonté des hommes défricheurs. À la fin des guerres de la Révolution et de l'Empire, la forêt française ne couvrait plus que 8 millions d'hectares. Depuis, des reboisements ont porté sa superficie totale à 14 millions d'hectares environ. En ce milieu original et vivant, la Nature vous réserve en toutes saisons des découvertes, non seulement dans les grandes forêts, mais aussi dans les bois et même les boqueteaux de toutes les régions de France.

Vous êtes peut-être déjà le familier des arbres, mais connaissez-vous sous tous ses aspects la longue histoire de leur vie ? Savez-vous qu'ils servent d'abri et de nourriture à une multitude d'êtres vivants, depuis leurs racines jusqu'à leurs plus hautes branches, sous leur écorce et jusque dans leur bois ? Que la chute des feuilles dépend de la longueur des jours ? Que, tout immobiles que soient les arbres, ils se propagent au loin, leurs semences étant emportées par des oiseaux, des mammifères ou le vent ? Et que, tenaces, ils tendent toujours à regagner l'espace que l'homme leur a pris ?

Les arbres sont une providence pour nous. L'espace vert forestier assainit l'air ; il arrête les poussières, atténue les bruits et constitue un incom-

Le Lérot, souvent installé dans un nid abandonné, déguste fruits et pousses, bourgeons, graines, faînes et noisettes. Il y ajoute des insectes, des larves, des Araignées, voire un oisillon pris au nid.

Un Rouge-gorge, aux pattes d'une invraisemblable finesse, s'acharne à nourrir un énorme et vorace petit de Coucou gris. La femelle du Coucou a déposé un œuf dans le nid bien caché. L'intrus, premier éclos, est vite devenu assez fort pour éjecter jeunes et œufs du couple de Rouges-gorges. Et celui-ci continue à l'élever jusqu'à son envol alors même que, comme ici, il sort déjà du nid.

parable coupe-vent; il divise, en effet, les courants d'air, les force à s'élever et offre ainsi aux cultures un écran protecteur.

Les arbres fixent les sols sur les pentes raides. Leurs racines, enfoncées dans la terre ou insérées entre les roches et les éboulis, empêchent la formation de ravines qui s'élargiraient à chaque orage, entraînant la terre vers le fond des vallées. La pluie qui tombe perd de sa force à travers les feuillages et ne dégrade pas le sol. Elle pénètre dans l'humus forestier et, en période de sécheresse, lui garde une certaine humidité bien profitable aux campagnes voisines car, par leur transpiration, les arbres fournissent une bonne part de la vapeur d'eau nécessaire à l'agriculture.

En montagne, l'avalanche ne se déclenche pas sur les pentes boisées. Elle ne franchit la ceinture des forêts qu'en des points où elles ont été exagérément éclaircies. On n'en finirait pas de chanter les louanges des arbres !

Ce livre voudrait vous aider à mieux connaître la forêt, piquer votre curiosité à l'égard des mystères de la vie si riche, si variée qu'elle recèle, tout en vous invitant à des activités passionnantes.

Le Pic-Epeiche des futaies résineuses et des hêtraies mélangées de conifères cherche ses proies dans les troncs. Il grimpe en décrivant de larges spirales et en prenant un point d'appui sur les plumes de sa queue, ses rectrices, qui sont rigides.

Tout riant des jeux du soleil et des ombres, un layon vous invite à la découverte...

Les Grives sont de grandes mangeuses d'Escargots dont elles brisent les coquilles sur une pierre.

une fabrique de Vie

Le Pivert, grand amateur de Fourmis, exploite les souches mais s'active aussi à « tambouriner » sur l'écorce pour faire sortir les insectes.

Le biotope de la vieille souche abrite une foule de végétaux et d'insectes décomposeurs (à droite).

Ces chenilles poilues dévorant une feuille de Chêne sont des consommateurs primaires.

Une immense usine où se fabrique de la vie, c'est bien ce qu'est la forêt. Ce terme se justifie par la masse importante des végétaux qui la composent et sont source de vie pour une multitude d'êtres.

Le silence qu'on surprend lorsqu'on pénètre en forêt par une journée de la belle saison ne doit pas nous tromper. Chaque membre de la communauté forestière est en pleine action : il produit et consomme, souvent invisiblement, mais inlassablement. Comme dans une usine, toute cette activité est alimentée par une source d'énergie. Celle-ci est intarissable, c'est le soleil !

L'énergie lumineuse est d'abord transformée par la fonction chlorophyllienne, opération qui se déroule dans les tissus des tiges et des feuilles de tous les végétaux verts. Grâce à cette chlorophylle qui leur donne leur couleur, les plantes vertes élaborent des produits organiques au moyen du gaz carbonique qu'elles puisent dans l'air et au moyen de l'eau et des sels minéraux que leurs racines puisent dans le sol.

Cette élaboration de matière vivante, commune à toutes les plantes, est considérable dans les grands bois et les forêts, à cause de la masse fantastique des feuillages qui s'élèvent depuis le sol jusqu'à 30 ou 40 m, parfois, de hauteur. Production végétale énorme, certes, mais aussi origine d'une très importante masse animale, celle que représentent les bêtes qui se nourrissent directement de ses produits : feuilles, fleurs, pollen, fruits, graines. Ils assurent la vie d'une quantité de bêtes sauvages, insectes butineurs ou mangeurs de bois, oiseaux granivores, mammifères herbivores, petits rongeurs. Ce sont les consommateurs « primaires » de la forêt, beaucoup plus nombreux, au total, que ceux de la plaine herbacée où le couvert végétal se situe à ras de terre et se trouve périodiquement, en grande partie, moissonné ou enfoui par la culture.

A leur tour, tous ces consommateurs de végétaux sont mangés par des prédateurs (mangeurs de proies) : insectes, batraciens, reptiles, oiseaux, mammifères carnivores, qui ont besoin, pour vivre, d'aliments plus complexes. Ce sont des consommateurs « secondaires », très nombreux aussi.

Comme dans toute usine, il y a dans la forêt beaucoup de déchets. D'autant plus que, sur le sol livré à lui-même sans être exploité par la culture, s'accumule tout ce qui tombe, depuis les fleurs fanées et les feuilles mortes jusqu'aux cadavres d'animaux. Mais des végétaux et des animaux qui vivent dans le sol forestier attaquent ces déchets, en désagrègent les matières organiques dont ils se nourrissent et libèrent les éléments minéraux qui rentrent alors dans le circuit de la vie, en enrichissant l'humus.

Ainsi, de la production de matière vivante végétale au « recyclage » des déchets, tout se tient dans cet énorme biotope (de *bios* : vie et de *topos* : lieu) si bien équilibré. On l'appelle écosystème de la forêt.

Pins maritimes dans les Landes, où l'on a réalisé la plus vaste forêt artificielle d'Europe avec la variété atlantique de ce conifère qui est le meilleur producteur de résine.

Voici la châtaigne véreuse...

qui a nourri la Carpocapse...

que capturera et videra l'Araignée...

que dévoreront les Fourmis rousses...

dont se régalera le Pivert...

avant d'être mangé par l'Autour...

Ces Sapins, dans les Vosges, présentent un tout autre visage de la forêt de conifères.

toujours la même et toujours nouvelle...

- Depuis des millénaires, les mêmes relations complexes soudent entre eux les êtres vivants de la forêt, telles ces chaînes alimentaires dont vous avez ci-contre un exemple.
- Et pourtant la forêt évolue dans le temps. Elle se dégrade ou se restaure du fait de l'homme. Son exploitation raisonnée dure en France depuis plus de mille ans. Colbert fit aménager au 17e s. la forêt de Tronçais pour produire du bois de marine. Une partie de ses bois fournit aujourd'hui l'industrie de l'ameublement. 20 % de nos forêts domaniales sont le bien de l'État depuis la fin du 18e s. mais il reste peu d'arbres de cette époque. Après la 1re guerre mondiale on planta sur les terrains bouleversés de la Meuse des Pins noirs et des Épicéas. Ces arbres, qui ont en quelque sorte joué le rôle d'une essence « pionnière » et constitué un sol forestier, arrivant maintenant à maturité, on va pouvoir les exploiter et les remplacer par des Hêtres, essence feuillue noble. De nos jours, l'État acquiert en montagne et sur les dunes des terrains menacés d'érosion, pour les restaurer par plantation.
- Les forêts domaniales couvrent à l'heure actuelle plus d'un million et demi d'hectares qui sont l'objet de soins incessants de la part des forestiers.

À CHACUN SON TEMPÉRAMENT

Les arbres ont leur silhouette, leur physionomie, leurs caractéristiques. Auriez-vous pensé qu'ils ont aussi leur tempérament, leurs exigences, leurs préférences de milieu de vie?

Certains arbres ne peuvent développer leurs jeunes plants qu'en pleine lumière. Chênes à feuilles caduques, Pin sylvestre, Épicéa, Peuplier, Pin d'Alep, Pin maritime, Bouleau, Mélèze sont, dans l'ordre croissant, ces « *essences de lumière* » qui ont besoin de soleil.

D'autres essences de lumière savent supporter le couvert d'arbres adultes s'il n'est pas trop serré. L'Érable champêtre, le Frêne, le Châtaignier, l'Orme, le Chêne-vert sont de celles-là.

Le Charme, l'Érable sycomore, l'Épicéa ont besoin pendant leur enfance de l'abri fourni par les grands arbres. Ce sont des *essences de demi-ombre* alors que le Sapin et le Hêtre qui ont franchement besoin du couvert d'une frondaison épaisse pour s'enraciner vigoureusement sont des *essences d'ombre*.

Ces dernières résistent mal aux gelées, au grand soleil et à la sécheresse du sol, alors que les essences de lumière ne redoutent pas les températures extrêmes. L'Épicéa et le Pin sylvestre peuvent supporter jusqu'à —50° sans souffrir.

Pour le Hêtre, le Tilleul, le Chêne pédonculé, le Sapin, l'Épicéa, il faut un air chargé d'humidité alors que le Chêne-vert, le Mélèze exigent une atmosphère sèche.

Les arbres s'accommodent souvent de conditions qui ne sont pas idéales. Tel qui ne peut pousser qu'en pleine lumière sur un sol pauvre saura vivre sous un certain couvert mais avec un sol très riche.

La nature du sol est de première importance. Le Châtaignier, le Chêne-Liège, le Pin maritime se localisent sur les sols sableux parce qu'ils ne peuvent tolérer le calcaire alors que le Chêne pubescent, par exemple, l'apprécie beaucoup.

La structure du sol, qui conditionne la circulation souterraine de l'air et de l'eau, joue son rôle. Les sols à couche fertile épaisse conviennent aux Chênes qui peuvent y enfoncer leurs racines pivotantes. Des sols à couche plus superficielle suffisent aux Pins et aux Épicéas qui étalent leurs racines « traçantes » près de la surface. Les sols très secs conviennent aux Pins, alors que les terrains gorgés d'eau sont le domaine des Aulnes et des Saules.

En se groupant selon leurs exigences, les arbres donnent leur caractère aux bois et aux forêts; on désigne leur groupement par l'espèce dominante; vous entendrez ainsi parler de « chênaie », de « hêtraie », de « sapinière ».

Deux types de groupement forestier sont particulièrement répandus en France; ce sont les hêtraies-chênaies et les chênaies-charmaies. En plus des Hêtres, Chênes ou Charmes prédominants, elles abritent souvent quelques résineux et leurs sous-bois sont riches d'arbustes, de plantes herbacées et de fleurs, habitats d'une multitude d'animaux variés. Ces types de forêts se retrouvent dans un très grand nombre de bois et boqueteaux, comme ceux qui se trouvent généralement à votre portée.

LES MEILLEURS GRIMPEURS

Les massifs montagneux de notre pays sont le royaume des Conifères et si Hêtres et Chênes règnent encore, avec les Pins sylvestres, à l'étage des collines (6 à 900 mètres) il n'est que les Sapins et les Épicéas pour continuer l'escalade, puis les Pins à crochets et les Mélèzes pour monter encore vers les cimes. Les champions de l'impossible, les Pins Cembros sont les derniers arbres à vivre en altitude chez nous (2 300-2 500 mètres).

C'est que l'altitude détermine des conditions de chaleur, de lumière, de terrain dont les arbres doivent s'accommoder. Si la lumière est pure et très intense en montagne, la température y est de plus en plus froide. Plus on s'élève, plus les gels des hivers sont longs. Les pluies abondantes érodent le sol disponible, comme le font les neiges qui fondent au printemps.

Bien sûr, les étages en forêts de montagnes ne se limitent pas au cordeau et localement la nature du sol et l'exposition peuvent modifier l'ordre d'avancée des grimpeurs; les meilleurs résistent aux grands froids et vivent sur terrain pauvre.

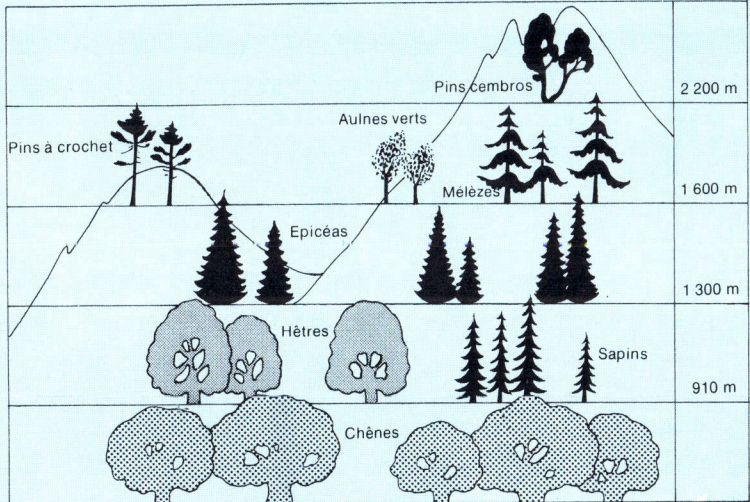

le Monde des Arbres

DES HABITATS CONQUIS DANS L'ESPACE

Dans la forêt tout ce qui vit a besoin d'espace et chacun se bat pour conquérir sa lumière et son sol. Pour les végétaux cette conquête se fait en une série d'étages, ou *strates,* pour les organes aériens, alors que leurs organes souterrains (racines, rhizomes, bulbes) occupent le sol à des niveaux plus ou moins profonds.

La strate arborescente est celle des dômes des grands arbres, Hêtres et Chênes, Châtaigniers, Sapins, Épicéas. L'épaisseur de cette strate détermine la quantité et la qualité de lumière du sous-bois dont elle conditionne ainsi le développement.

La strate arbustive, moins élevée, est composée des jeunes arbres et de tous les arbustes forestiers.

La strate herbacée voit se grouper toutes les plantes à fleurs et les Fougères dont les espèces sont caractéristiques de chaque type de forêt (par exemple, l'Aspérule odorante accompagne les peuplements de Hêtres).

La strate muscinale, à même le sol, est occupée par les Mousses, les Champignons, les Lichens.

L'exploitation de la forêt peut changer les conditions de vie et modifier, par les coupes des grands arbres, les espèces du sous-bois qui dépendent du couvert.

À l'un ou l'autre niveau, des animaux trouvent le milieu de vie — nourriture et logis — qui leur convient, depuis les terriers creusés dans le sol, les gîtes et abris des buissons, jusqu'à l'épaisseur du limbe des feuilles occupée par les parasites, les basses branches et les frondaisons des arbres accueillant les nids d'oiseaux.

Après la coupe d'arbres, mûrs pour l'exploitation de leur bois, jeunes arbres et baliveaux prennent de la force en se haussant librement vers le soleil. Les Epilobes se hâtent d'empourprer la forêt clairiérée.

1

2

3

4

VOCABULAIRE FORESTIER

1. Hêtres au printemps
2. Bouleaux en sous-bois
3. Dans une charmaie...
4. Sapins et Mélèzes
5. Dans la futaie d'Épicéas.

La forêt est précieuse. Il faut la maintenir en bonne santé, aussi est-elle exploitée par des spécialistes : les sylviculteurs ; ils emploient un vocabulaire particulier intéressant à connaître :

● Les forêts sont réparties en *cantons* et en *parcelles* numérotées sur les cartes forestières. Leurs numéros sont portés sur certains arbres, ainsi que des traits de couleur que vous pourrez vous faire expliquer par un garde forestier.

La circulation est assurée par des chemins forestiers ou *laies* ; le plus large, souvent carrossable, est appelé « *laie sommière* », les petits sentiers sont des *layons*.

● Les *futaies pleines*, ne se composent que de grands arbres : ils seront abattus quand ils auront l'âge voulu, par le sylviculteur qui, en même temps qu'il en abat, veille à replanter de jeunes sujets pour la régénération de la futaie. Il y a 5 000 000 d'ha de futaies en France.

● Dans les *taillis sous futaie*, on laisse sous les grands arbres se développer des *taillis* comprenant des rejets ou *recrus* partant des souches d'arbres coupés, des *gaulis* (jeunes arbres ne dépassant pas 10 cm de circonférence), des *perchis* ou jeunes arbres dont le diamètre va de 10 à 30 cm.

Les *rejets* sont exploités, coupés quand ils ont la taille de donner soit du bois de chauffage, soit du bois de petite menuiserie. Parmi les rejets on conserve les brins de belle venue nommés *réserves*, qui donneront de grands arbres. On les emploiera plus tard en bois d'œuvre (grande menuiserie) ou même en charpente.

● Souvent on fait passer par étapes les *taillis sous futaie* au régime de *futaie pleine* en laissant les plus beaux *perchis* devenir des *baliveaux* qui, après 25 ans, prendront le nom de *modernes*.

Émondage de Chênes en forêt de Bercé (Sarthe). Ci-dessous, indication de parcelle en forêt. Elle se retrouve sur la carte forestière de la région.

L'ÉQUIPEMENT DU PROMENEUR FORESTIER

L'équipement du promeneur forestier est assez simple : de bonnes chaussures de marche, un bâton solide qui aide à la marche et permet d'écarter certains obstacles, d'atteindre certaines choses ; pour les longues promenades, un imperméable, un pantalon — plutôt qu'un short ou qu'une robe courte, à cause des griffures possibles — cela peut suffire.

Mais l'explorateur forestier peut avoir besoin d'un matériel plus favorable à ses recherches. Il ne l'utilisera pas en totalité à chaque sortie, mais il est bon qu'il l'ait à sa disposition.

A emporter :
- un bon couteau pliant ;
- un sécateur ;
- des sacs en plastique ou un panier léger, pour les récoltes ;
- de la ficelle ;
- un mètre pliant (ou ruban, de préférence) ou, à défaut, une ficelle étalonnée de 10 en 10 cm ;
- petites boîtes et tubes en plastique (tubes à pharmacie) ou boîtes à casiers ayant contenu des portions de fromage, pour rapporter des échantillons de fruits, de graines, d'insectes à observer à la maison ;
- sifflet pour les appels et le repérage, si vous allez en équipe ;
- carnet de notes avec crayons (noir et couleurs) ;
- petit carton à dessin, avec papier pour croquis et papier journal pour transporter à part, et à plat, des spécimens végétaux pour l'herbier ou les compositions décoratives ;
- boussole ;
- loupe ;
- vieux gants de cuir pour les cueillettes où les mains risquent piqûres ou écorchures.

Si vous disposez d'une paire de jumelles, d'un appareil photographique, vous êtes un privilégié qui doit profiter de sa chance pour observer et retenir des scènes curieuses, peu accessibles autrement.

A la maison, vous tiendrez en réserve :
- des boîtes, tubes et flacons pour ranger vos échantillons ;
- des bocaux pour quelques élevages simples (insectes et leurs larves) ;
- une trousse à empreintes comprenant du carton léger, du plâtre, un récipient pour l'eau, une petite cuvette pour délayer le plâtre (voir Dans le Pré, p. 19) ;
- pinces à linge, à épiler, brucelles, pour immobiliser ou manipuler de petites pièces ;
- ciseaux, ordinaires et à broder ;
- quelques lames de rasoir ou un scalpel pour diverses préparations (gare aux coupures !) ;
- colle et scotch ;
- papier journal en abondance pour avoir les « macules » (feuilles de protection) qui conditionnent le travail propre, et pour les séchages de plantes ;
- buvard, pour le même emploi ;
- papier Canson pour les beaux tableaux de présentation des spécimens ;
- quelques feuilles de cellophane ou de plastique incolore ;
- une presse que vous pourrez faire vous-mêmes à peu de frais (p. 36) ;
- un vivarium pour vos élevages importants ;
- des soucoupes et pots à fleurs en terre pour vos plantations expérimentales ;
- si vous pouvez disposer d'un microscope (un grossissement 50 est très suffisant) vous pourrez explorer un monde qui échappe à l'œil nu.

En toutes vos recherches, soyez ingénieux, patients et prudents. Mais allez de l'avant, et bon courage !

Une Buse variable a établi son nid à la fourche de deux branches maîtresses d'un Bouleau.

COMMENT EXPLORER LES BOIS ?

Il est peu d'endroits en France d'où l'on ne puisse gagner aisément, à pied ou à bicyclette, un bois plus ou moins étendu ou les abords de quelque forêt. Vous vous dirigerez donc vers ce que la région vous offre : il y a partout matière à voir, occasion de découvrir.

La grande forêt, à l'inquiétant mystère, source et refuge de tant de vies, vous effraie peut-être? Si elle est toute en résineux, sombre et austère, son impressionnant silence vous arrête? N'y pénétrez pas trop avant : c'est en lisière ou sur les bords du chemin qui s'y engage que vous ferez les plus nombreuses découvertes, là où la lumière se répand aisément.

Mais c'est sans conteste dans un bois de feuillus parsemé de taches de résineux, aux taillis cernant quelques clairières, que vous trouverez le plus de sources d'étonnement. Vous y comprendrez mieux à la fois la force et la fragilité de tant d'existences végétales et animales, si enchaînées les unes aux autres qu'il suffit qu'un maillon se rompe pour que l'ordre naturel soit perturbé et la vie de l'ensemble menacée.

Vous aurez souvent intérêt à préparer vos expéditions. Étudiez les routes à emprunter, les abords du bois, en utilisant au besoin une carte; celles de l'État-major et de l'Institut Géographique National au 1/50 000 peuvent suffire à fixer quelques grands axes qui vous serviront de repères pour une grande randonnée. Notez des directions par rapport au point dont vous partez, car dans un grand bois c'est surtout votre boussole qui vous aidera à vous orienter. Le soleil aussi peut vous aider, à condition qu'il brille : levé à l'Est, couché à l'Ouest, il passe au Sud à midi ; à vous d'évaluer sa position selon l'heure du jour : une montre est indispensable.

Ne vous fiez pas trop à la position des mousses sur les arbres qui, dit-on, indique toujours la direction d'où viennent les vents humides dominants et la pluie. Même si vous connaissez bien cette direction, vous constaterez que des arbres, les vieux surtout et particulièrement dans les bois touffus, peuvent être moussus sur toutes leurs faces, portant des mousses diverses qui ne demandent pas toutes le même degré d'humidité.

Choisissez, sous bois, une direction de marche qui vous permette de croiser un chemin repéré d'avance sur la carte. Évitez autant que possible de vous éloigner seul des sentiers connus de vous, et si vous le faites quand même, appelez souvent (un sifflet est précieux et peu encombrant) si vous vous écartez de vos compagnons ou les perdez de vue. Et rappelez-vous que l'obscurité du soir vient plus vite dans les bois qu'en rase campagne.

C'est avantageux de porter votre matériel dans une musette : elle laisse les mains libres et vous pouvez l'accrocher à une branche avant de vous glisser dans un fourré.

N'entrez pas dans les bois comme un conquérant, chantant, sifflant, marchant à grands pas sans égards pour ce que vous foulez. Allez posément, silencieusement ; arrêtez-vous souvent, scrutez les herbes, les buissons. Votre bâton n'est pas fait pour abattre bruyamment les sommités des plantes, mais pour écarter doucement herbes et branches, remuer précautionneusement des feuilles mortes, sonder un trou... S'il y a du vent, marchez contre lui, afin que les bêtes sensibles à l'odeur humaine ne décèlent pas trop vite votre présence.

C'est très tôt le matin que vous surprendrez mieux les oiseaux. C'est au crépuscule que vous guetterez les mammifères avec le plus de chance d'en voir. Immobile, tendez l'oreille : vous percevrez les bruits du bois apparemment silencieux. Ouvrez les yeux : les bruits précèdent souvent des apparitions, celles que vous espérez ou d'autres, bien inattendues... Notez les moments, repérez les lieux. Vous connaîtrez de mieux en mieux votre bois. Et plus vous le connaîtrez, plus vous l'aimerez et plus il vous permettra de découvertes.

Des Chevrettes traversent une laie de la forêt.

QUEL EST CET ARBRE ?

Avant de lire les explications relatives aux arbres et aux plantes des bois, assurez-vous, en examinant les croquis ci-dessous, que vous connaissez bien les termes que vous rencontrerez au cours de votre lecture.

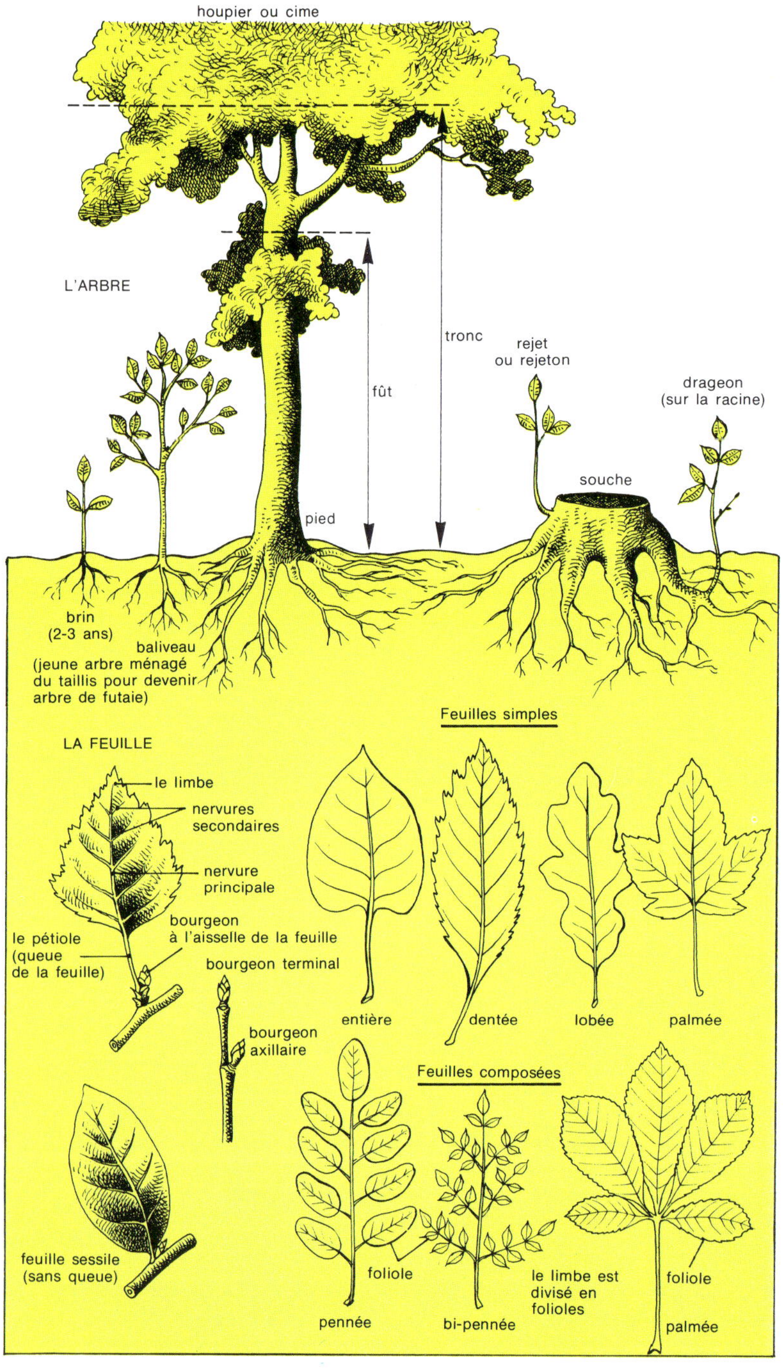

Vous vous posez une première question : est-ce un *résineux* ou un *feuillu* ? Si c'est un résineux, arbre dont les canaux véhiculent la résine, ses feuilles sont des *aiguilles* qu'il garde en hiver (sauf le Mélèze), ses fruits sont des *cônes* qui lui valent le nom de *conifère.* Sinon, c'est un *feuillu,* dont les feuilles ont un *limbe* plus ou moins large, plus ou moins divisé, mais pas en aiguilles ; elles sont *caduques,* c'est-à-dire qu'elles tombent en hiver, sauf peu d'exceptions (Chêne-vert, Chêne kermès, Houx, aux feuilles coriaces et épineuses).

Si une souche a des *rejets,* c'est une souche de feuillu. Les souches de résineux ne rejettent jamais.

Vous vous demandez ensuite ce qui peut vous aider à identifier un arbre. Son aspect général, port du tronc et des ramures, ne renseigne vraiment que s'il est adulte et assez détaché des autres ; encore faut-il que l'observateur ait une certaine expérience. Mais vous regarderez l'écorce, les bourgeons, les fleurs au moment propice, les feuilles toujours, les fruits.

En hiver, vous verrez aisément écorce et bourgeons ; mais vous trouverez aussi sous l'arbre des feuilles mortes et, assez souvent, ses fruits, si le vent ne les a pas dispersés ou mêlés à d'autres, et si les bêtes n'en ont pas fait leur pâture.

Au printemps, les fleurs pourront vous aider (les chatons surtout), mais beaucoup, petites et discrètes, risquent de passer inaperçues.

Ce sont surtout les feuilles et les fruits qui, en été et en automne, vous aideront le mieux à reconnaître un arbre.

Nous vous indiquons ici les caractères des principaux arbres des bois et forêts, et les différences qui vous permettront de distinguer les uns des autres ceux qui se ressemblent fort.

CHEZ LES RÉSINEUX

SI C'EST UN SAPIN[1] :

- droit, du pied à la cime, il porte des branches *horizontales* disposées par étages, comme les rayons d'une roue. Elles ne sont pas relevées à leur extrémité, et les petits rameaux qu'elles comportent ne *pendent pas* ;
- l'écorce est lisse, gris brunâtre ou blanchâtre ;
- les aiguilles sont très courtes, *planes, non piquantes,* disposées en *deux rangées sur la tige* et non sur un même plan, toujours isolées et alignées comme les dents d'un peigne. Elles ont *deux bandes blanc argenté* sur leur face inférieure et sont *élargies* au point d'insertion sur la tige ;
- l'arbre fleurit en mai-juin. Les cônes femelles solitaires restent *dressés* à l'extrémité des rameaux ; mûrs en octobre, ils *se détachent écaille par écaille : jamais de cônes sous l'arbre.*

SI C'EST UN ÉPICÉA[1] souvent confondu avec le Sapin :

- droit du pied à la cime, il porte des branches rayonnant en étages successifs (comme le Sapin) mais légèrement *courbes*, concavité face au ciel, ce qui relève leur extrémité. Les petits rameaux qu'elles portent *pendent* de chaque côté ;
- l'écorce est lisse, d'un brun qui s'assombrit avec l'âge ; écailleuse, elle se fendille en vieillissant ;
- les aiguilles sont raides et *piquantes,* côtelées, presque *rondes* ; fixées une par une tout autour de la tige, elles sont rétrécies au point d'insertion ;
- l'arbre fleurit en avril-mai. Les cônes femelles, à l'extrémité des branches, *pendent* à maturité (octobre) puis *se détachent tout entiers* (ne se désagrègent jamais).

SI C'EST UN MÉLÈZE :

- son tronc est mince par rapport à l'ensemble et les branches ne sont pas groupées par étages, mais isolées. Les rameaux jeunes sont frêles et retombants ;
- l'écorce gris cendré de l'arbre jeune roussit en vieillissant ; elle est fendillée et se couvre d'écailles irrégulières ;
- aiguilles courtes et molles, de couleur vert très clair ; réunies en petits bouquets, sauf sur les jeunes pousses. Elles tombent en hiver, contrairement à celles des autres résineux ;
- l'arbre fleurit en avril-mai, en cônes mâles jaunâtres et en cônes femelles rouges ; ceux-ci, mûrs en automne, sont de petits cônes écailleux de 3 à 4 cm qui se vident de leurs graines mais peuvent rester longtemps attachés au rameau.

1. Nous soulignons les caractères propres à éviter la confusion entre Sapin et Epicéa.

SI C'EST UN PIN :

La dizaine d'espèces existant en France présente des caractères différents dans le port de l'arbre, l'aspect du tronc et des branches, la couleur de l'écorce ; mais on trouve chez tous ces Pins :

● des aiguilles vert franc ou foncé, persistantes, assez charnues et longues (5-6 à 15 cm selon les espèces), et *toujours* groupées par 2, 3 ou 5 dans la même gaîne à leur base, contrairement aux aiguilles isolées des Sapins et Épicéas ;

● ces arbres fleurissent d'avril à juin et fructifient en septembre-octobre, donnant selon les espèces des cônes à écailles épaisses, longs de 5-6 à 15-16 cm, souvent rassemblés par deux ou trois et mûrissant en 2 ou 3 ans.

Vous remarquerez en outre qu'il y a souvent un tapis de mousse dans les forêts de Sapins ou d'Épicéas, jamais dans les forêts de Pins.

CHEZ LES FEUILLUS

SI C'EST UN CHÊNE :

● l'aspect du tronc varie d'une espèce à l'autre ; certaines s'hybrident facilement et sont difficiles à déterminer par ce moyen ;

● l'écorce épaisse et rugueuse, gris sombre, est très crevassée longitudinalement ;

● les feuilles simples, à pétiole généralement très court, sont caractéristiquement *lobées*.
Mais le Chêne-vert, ou Yeuse, fait exception : ses feuilles non lobées sont bordées d'épines, leur face supérieure est vert foncé et luisante, l'inférieure gris-vert et velue (voir page 65) ;

● le Chêne fleurit en mai, donnant des chatons mâles pendants ; les fleurs femelles, ovoïdes, sont enfermées dans une minuscule coupe qui deviendra la cupule du gland. Les fruits sont des *glands,* à la base insérée dans une cupule écailleuse ; très abondants certaines années, moins pendant celles où l'arbre se repose d'une trop grande fructification.

SI C'EST UN HÊTRE[2] :

● son tronc *circulaire* est souvent droit et long. Les rameaux portent des bourgeons typiques, bruns, très *effilés*, pointus, écartés de leur support ;

● l'écorce gris clair est lisse ;

● la feuille ovale, *entière (non dentée)*, à pétiole court, a des poils fins sur le bord et sur les nervures à la face inférieure ;

● l'arbre fleurit en avril-mai, mais pas tous les ans : fleurs mâles en chatons pendants à la base des pousses ; fleurs femelles, deux par deux, à leur extrémité, dans une cupule à épines molles qui sèche en vieillissant, s'ouvre en quatre et libère deux *faînes* brunes à arêtes vives, enfermant une amande comestible.

SI C'EST UN CHARME[2] :

- le tronc est cannelé, des branches retombantes, grêles et d'un brun luisant portent des bourgeons petits, à écailles blondes velues au sommet et *serrées contre leur support* ;
- l'écorce gris blanchâtre est *rugueuse* et mince ;
- la feuille à pétiole court, avec une petite *stipule poilue* à la base, est oblongue ; le limbe *gaufré*, à *nervures bien parallèles* et poilues à la face inférieure, a un *bord denté* à dents finement dentées elles-mêmes ;
- l'arbre fleurit en avril-mai, en chatons mâles verts et pendants, en chatons femelles dressés au bout des branches dressées qui donneront de petits *fruits secs portés par une sorte de feuille-enveloppe à trois lobes*.

SI C'EST UN ORME[2] :

- le tronc est cannelé ; les rameaux portent des bourgeons à feuilles légèrement coniques, des bourgeons à fleurs presque *sphériques* et velus ;
- l'écorce brune est gerçurée comme l'est celle du Chêne ;
- la feuille est ovale et pointue, bordée de dents aiguës, poilue à la face inférieure, et *asymétrique à la base* ; ses nervures secondaires sont souvent *fourchues* ;
- l'arbre fleurit dès mars-avril, les fleurs rougeâtres sont en bouquets très près du rameau et donnent des fruits secs, minces, au centre d'une petite feuille parcheminée, ciliée et portant une échancrure à son extrémité.

SI C'EST UN FRÊNE :

- les rameaux gris verdâtre portent des feuilles (et des bourgeons à leur aisselle) opposées deux à deux ; les bourgeons sont courts, arrondis et *noirs* ;
- l'écorce est lisse, gris cendré et se fendille en vieillissant ;
- les feuilles opposées, deux à deux, sont *composées* de 9 à 15 folioles sessiles bien détachées, fixées en nombre toujours impair sur une longue nervure : deux par deux sur le pétiole et une à l'extrémité ;
- l'arbre fleurit en mai-juin ; il donne des fruits secs, très plats, munis d'une aile membraneuse allongée, et disposés en grappes.

2. Nous soulignons les caractères propres à distinguer le Hêtre de l'Orme et du Charme.

SI C'EST UN CHÂTAIGNIER :

• le tronc généralement court porte de grosses branches tordues, noueuses; les rameaux ont des bourgeons courts et trapus;

• l'écorce jeune est olivâtre avec de petites taches blanches: en vieillissant elle devient brun noirâtre, rugueuse et crevassée longitudinalement;

• la feuille simple, assez coriace, est allongée, bien dentée et pointue; ses nervures parallèles très régulières aboutissent à la pointe de chaque dent; le pétiole est bien détaché mais court;

• l'arbre fleurit en juin : des chatons mâles se dressent en bouquets à l'extrémité des rameaux; des fleurs femelles à la base, 3 par 3 dans une cupule verte donneront une bogue épineuse enfermant 3 châtaignes à peau d'un brun luisant, qui tombent à l'automne avec la bogue.

SI C'EST UN BOULEAU[3] :

• son tronc typique est mince, élancé; les branches portent des rameaux grêles retombants;

• l'écorce est lisse, *blanche ou argentée à taches noires* et se *détache circulairement en lanières*;

• la feuille simple, *presque triangulaire,* est fortement dentée, en dents irrégulières; son pétiole est long et souple;

• l'arbre fleurit en avril-mai, en chatons mâles longs et pendants, en chatons femelles d'abord dressés, puis pendants, qui donneront des fruits *secs,* portés par des *ailes membraneuses* semblables à des papillons.

A ne pas confondre avec le Tremble[3] à l'écorce lisse, *grisâtre* et *légèrement crevassée,* aux feuilles presque rondes, dentées de dents *non pointues,* au long pétiole souple également; il fleurit en mars-avril et ses longs chatons *rouges* donnent des *graines à aigrettes*.

SI C'EST UN ÉRABLE, dont trois espèces (É. plane, É. sycomore, É. champêtre) sont communes en France;

• branches, rameaux, bourgeons sont opposés deux à deux;

• l'écorce est écailleuse et, chez l'Érable sycomore, se détache en petites plaques;

• les feuilles sont *palmées,* à long pétiole, opposées 2 à 2; leurs nervures en éventail déterminent cinq lobes plus ou moins découpés, plus ou moins dentés selon l'espèce;

• la floraison se fait en mai, les fruits sont des samares aux ailes en pale d'hélice, en deux parties qui se séparent à maturité.

3. Nous soulignons les caractères propres à éviter la confusion entre Bouleau et Tremble.

IL Y A MARRON... ET MARRON !

Il y a marron et marron. Ne confondez pas le marron d'Inde, graine non comestible du Marronnier d'Inde et la châtaigne, comestible, fruit du Châtaignier, qu'on mange grillée (« Chauds les marrons! ») ou en légume, en purée, ou confite (« marrons glacés »).

C'est en automne que vous préparerez la marmelade de marrons. Pelez soigneusement vos châtaignes et faites-les cuire dans de l'eau un peu salée, puis vous enlèverez (patiemment...) la petite peau brune qui les recouvre encore. Passez-les au moulin à légumes pour les réduire en purée. Faites fondre sur le feu un poids de sucre égal au poids de la purée, dans de l'eau en quantité égale au 1/4 ou 1/5 du poids de sucre, et ajoutez une gousse de vanille au sirop obtenu. Versez-y la purée de marrons, mélangez bien avec une spatule. Refroidie, cette marmelade peut être mise en pots où elle se conservera quelque temps.

SI C'EST UN TILLEUL :

- son tronc trapu porte une forte ramure;
- l'écorce noirâtre est épaisse et crevassée;
- les feuilles, en cœur, ont un long pétiole et portent un court duvet, et des poils dans les bifurcations des nervures; leur face inférieure est grisâtre;
- la floraison a lieu en juin-juillet. Les fleurs, d'un jaune blanchâtre, très odorantes, sont portées par un long pédoncule auquel une grande bractée membraneuse est soudée jusqu'à la moitié de sa longueur. Le fruit globuleux, gros comme un pois, porte 5 côtes saillantes.

SI C'EST UN MERISIER...

- le tronc lisse est vite divisé en branches très ramifiées;
- l'écorce grise, parfois brunâtre, se détache en lanières circulaires;
- la feuille simple, à pétiole assez long, est dentée, pointue aux deux extrémités du limbe, à nervures parallèles, et velue;
- l'arbre fleurit en avril-mai, en une abondante floraison blanche; le fruit est une petite cerise rouge sombre plus ou moins acidulée.

SI C'EST UN SORBIER DES OISELEURS...

- les rameaux brun rougeâtre portent des bourgeons blanchâtres très poilus;
- l'écorce est crevassée longitudinalement chez les sujets âgés;
- la feuille composée, à pétiole court, est divisée en folioles opposées, sessiles, bien séparées les unes des autres, allongées, dentées à fine denture et velues sur la face inférieure;
- l'arbre fleurit en mai-juin; ses fleurs blanches en grappes rameuses très fournies donnent des fruits globuleux de la taille d'un gros pois, rouge orangé très vif.

SI C'EST UN ROBINIER FAUX-ACACIA (appelé le plus communément Acacia)

- le tronc gris porte des branches fortement épineuses; ces épines sont groupées par deux à la base des feuilles;
- l'écorce est très profondément crevassée en longs sillons;
- la feuille est composée, à long pétiole; les folioles entières à bord uni, sont ovales et elles-mêmes pétiolées (par la chaleur elles se replient selon la nervure centrale, puis s'écartent de nouveau à la fraîcheur);
- l'arbre fleurit en mai-juin; les fleurs pendent en grappes odorantes et donnent chacune un fruit en gousse.

SAVEZ-VOUS QUE...

CHEZ LES RÉSINEUX,

- L'*Épicéa* jeune est vendu comme *Sapin* de Noël, mais adulte il peut atteindre 50 m de hauteur sur plusieurs mètres de circonférence à la base?
- Le vent déracine plus facilement l'Épicéa que le Sapin à cause de la faiblesse de ses racines?
- Le Gui parasite souvent le Sapin et l'affaiblit, diminuant sa valeur?
- Les pommes de Pin sont recherchées pour allumer le feu?
- Le bourgeon de *Pin* sylvestre est le bourgeon médicinal dit bourgeon de *Sapin*? Ne le cueillez pas inconsidérément sur les jeunes arbres dont vous perturberiez la croissance; ne prenez jamais le bourgeon de tête.
- Contrairement au Mélèze qui n'est jamais attaqué par les parasites, le Pin est un des arbres qui souffrent le plus des insectes?

CHEZ LES FEUILLUS,

- Bien des feuilles (Frêne, Orme, Charme, Robinier, Châtaignier) font un bon fourrage? Les animaux des bois mangent très volontiers celles du Hêtre.
- Les faînes d'un Hêtre de 150 ans peuvent fournir 600 litres d'huile?
- Les feuilles de Frêne sont utilisées à la préparation d'une boisson fermentée, la frênette, qui rappelle le cidre?
- Les balais des balayeurs des rues sont en ramilles de Bouleau?
- La sève de l'Érable donne un sucre comestible, qu'au Canada on extrait en grande quantité d'une variété, l'Érable à sucre?
- Le Robinier est appelé à tort Acacia, alors que l'Acacia vrai... est appelé à tort Mimosa?
- Vous pouvez faire sécher les fruits du Sorbier comme ceux du Sureau pour alimenter les oiseaux en hiver?
- Certaines espèces de glands, débarrassés de leur écorce et torréfiés, sont employés en certaines régions comme succédané du café?

A FAIRE...
ET A NE PAS FAIRE !

• Respectez le silence relatif des bois : pas de cris, pas d'appels inutiles, pas de transistors, qui effraient les animaux et troublent la vie forestière. Vous entendrez mieux alors le chant d'un oiseau, le bruissement des menues bêtes dans les herbes et le murmure du vent dans les feuillages.

• Ne cassez pas de branches, même sous le prétexte de jalonner votre chemin dans certains jeux de piste ; il y a généralement assez de bois mort à terre, ou d'autres moyens de signaler votre passage. Ne détériorez pas les arbres. Pensez que d'autres vous suivront et que des dégâts peu importants commis par un seul peuvent devenir irréparables quand ils le sont par beaucoup d'autres.

• N'arrachez pas l'écorce des arbres et n'y tracez pas d'inscriptions à la pointe du couteau. Les meurtrissures deviennent des refuges à insectes, des zones faibles offertes aux champignons lignicoles, elles gênent la croissance des arbres et les dévaluent.

• Respectez les bourgeons qui assurent l'allongement des rameaux, et n'arrachez pas inutilement les feuilles vertes, nourricières de la plante.

• Ne ceinturez pas un arbre avec du fil de fer pour y fixer quoi que ce soit, toile, bâche, hamac, etc. Le fer entame l'écorce et le bois, cause des blessures qui ne disparaîtront pas. Utilisez de la corde, et enlevez-la dès qu'elle ne vous sert plus.
Pour la même raison, ne plantez jamais de clous dans un arbre. En outre, un clou dans un arbre qu'on débite peut détériorer les machines et causer des accidents graves.

• Évitez de passer dans des fourrés pour ne pas troubler l'équilibre établi entre la végétation du sous-bois et la micro-faune qui s'y abrite.

• Si vous pique-niquez en forêt, ne laissez pas traîner les vestiges de votre repas : papiers, ficelles, boîtes, bouteilles et surtout les emballages en plastique qui déshonorent les sites. Sachez que certains animaux, attirés par l'odeur des restes enfouis, peuvent les déterrer : de préférence, emportez les détritus.

• Si vous avez la chance de découvrir les petits d'un animal, mammifère ou oiseau, ne les effrayez pas et surtout *ne les touchez pas* : votre odeur sur leur corps pousserait les parents à les abandonner!

• Les bois ont un propriétaire, même si ce propriétaire est une collectivité (bois communaux, forêts domaniales...). Vous ne devez pas couper de bois sans autorisation et sans discernement, ni arracher ou déplanter de jeunes plants. Sachez que le ramassage du bois mort ou des fruits sauvages et des champignons n'est que toléré : si vous profitez de cette tolérance, n'en abusez pas.

POUR NE PAS CONFONDRE

Chez les arbrisseaux et chez certains arbres très jeunes, vous éviterez des confusions possibles en notant quelques caractères distinctifs.

Aubépine ou Prunellier, cet arbuste à épines ?
Réponses : c'est l'Aubépine si l'écorce vieille est gris clair, mais les jeunes rameaux ocre rouge, l'épine blanchâtre, la feuille bien divisée ; ses fruits, groupés, sont rouges, bien pédonculés et de la taille d'un gros pois.
C'est le Prunellier si l'écorce est d'un gris très sombre, presque noire, l'épine noire, la feuille entière ; son fruit bleu sombre est une petite prune.

Houx, Chêne-vert, cet arbuste à feuilles piquantes ?
Réponses : c'est le Houx si la feuille vert foncé, très coriace, a des piquants très saillants et durs ; son fruit est une baie rouge grosse comme un gros pois.
C'est le Chêne-vert si les feuilles plus souples ont des piquants réduits, peu offensifs ; et il produit des glands, comme tous les Chênes.

Cytise ou Robinier, cet arbuste aux feuilles composées, aux fleurs en grappes pendantes ?
Réponses : c'est un Cytise si la feuille a 3 folioles, si les fleurs sont jaunes et s'il n'a pas d'épines.
C'est un Robinier si sa feuille a de nombreuses folioles, si les fleurs sont blanches et si le rameau porte des épines droites et dures à l'attache des feuilles.

le Printemps

Au long des sentes, à la fin de l'hiver, les Noisetiers ont vu s'écarter les écailles de leurs chatons. A présent que le vrai printemps est là, les bourgeons gonflés des Noisetiers se desserrent et, comme sur ce rameau, de petites feuilles se déplissent, d'un vert encore un peu brunâtre, profondément nervurées comme des bijoux ciselés.

Le sous-bois d'avril s'illumine de fragiles Anémones qui, par temps couvert et pour la nuit, se ferment et s'inclinent vers le bas.

Les feuilles de l'Arum tacheté — dit couramment Gouet ou Pied de Veau — brillent sur les feuilles mortes; elles ne sont pas toujours maculées de noir. Le cornet pâle, renflé à la base, protège la fleur, qui donnera, à l'automne, une grappe serrée de petits fruits écarlates, en haut d'une hampe verticale. Tout est vénéneux dans l'Arum...

Entrons dans le bois tout caressé de soleil; les Chênes, les Hêtres, les Charmes, les Frênes, les Bouleaux sont encore des silhouettes nues dominant un tapis de feuilles mortes. Pourtant de petites pousses vertes, de tendres cornets de feuilles enroulées percent déjà cette litière craquante et, plus loin, de véritables nappes de fleurettes blanches s'épanouissent çà et là dans le bois clair.

Les fleurs des bois fleurissent ainsi, vite, vite, tant que les arbres n'ont pas de feuilles. Quand celles-ci apparaîtront, la plupart de ces plantes forestières auront déjà accompli presque tout leur cycle vital et souvent atteint leur fructification. Le soleil leur est indispensable et quand les grands arbres étaleront leurs frondaisons, il sera trop tard pour profiter de la lumière. En forêt, le taux d'ensoleillement au sol, en plein cœur de l'été, n'atteint que 1% de celui dont bénéficient les fleurs des prés et des champs.

Beaucoup de fleurs des bois partent des bulbes (oignons) ou des tiges souterraines, tubercules et rhizomes, dont les réserves sont toutes prêtes à alimenter les bourgeons dès le retour du soleil printanier. Ces plantes sont « vivaces », on les retrouve chaque année à la même place. Gardez-vous bien de déterrer inutilement leurs parties souterraines permanentes si vous voulez les y revoir l'an prochain.

Dès mars, la Pulmonaire officinale montre ses fleurs, d'abord rouges puis virant au bleu-lilas ; elle remet à plus tard le développement de ses feuilles en rosettes.

Avec avril, le tapis de feuilles mortes est percé par les nouvelles feuilles luisantes, enroulées en cornet, de l'Arum gouet et par les touffes boursouflées des Primevères. Partout rient les étoiles d'or laqué des Ficaires et dansent les grappes des Coucous des bois, qui fleurissent plus tôt que ceux des prés. Leur corolle est sans parfum, plane, jaune soufre et non tachée d'orange.

Vous pouvez faire des bouquets de Violettes parfumées. Quant aux Anémones sylvies, il vaut mieux les admirer sur place si vous n'êtes pas sûr de les rapporter très vite pour les mettre dans l'eau. Ce sont des fleurs délicates mais s'accommodant de tout terrain et vous verrez leur blanc tapis s'étendre à perte de vue dans la pineraie aussi bien que dans la hêtraie-chênaie et dans les forêts très humides. Mais là où les coupes forestières ont tout à fait déboisé un canton, l'Anémone sylvie dépérit rapidement. Il ne faudra pas, de toutes façons, la chercher au milieu de mai. Elle a disparu une fois formé son fruit en étoile.

Mai arrive et assure la pleine floraison des magnifiques et odorantes Jacinthes bleues. Regardez bien leur hampe florale dépourvue de feuilles : les clochettes renflées sont disposées en grappe recourbée,

Pulmonaire

Aspérule odorante

Violette des bois

Ce Lamier blanc — comme le jaune, d'ailleurs — évoque pour vous les Orties. C'est à tort; vous verrez bien qu'il ne pique pas!

toutes tournées du même côté. Les feuilles sont groupées à la base, allongées et plus courtes que la hampe florifère.

A la même époque, s'étendent les groupes de Pervenches. La Pervenche se multiplie par « stolons » comme le Fraisier; c'est-à-dire que ses tiges s'allongent, couvrent le sol et y prennent racine de place en place. A chaque nouveau petit bouquet de racines se développe une nouvelle plante.

Mais que voici une curieuse fleur! Sa tige anguleuse, courbée en arceau, porte des feuilles alternes aux nervures inhabituelles, convergeant dans la partie supérieure de la feuille. C'est une lointaine cousine du Muguet. A l'aisselle de ses feuilles pendent les fleurs en longues clochettes blanches, seules ou par paire sur le même pédoncule. La trompe des Bourdons est bien la seule à pouvoir y pénétrer... C'est le Sceau de Salomon. Son fruit, dans quelques semaines, sera une baie noir-bleuâtre, vénéneuse.

A la fin du mois, vous pourrez couper, pour parfumer le linge de vos armoires, un bouquet de la Petite Reine des Bois, plaisant surnom de l'Aspérule odorante. C'est une petite herbe fleurie, fidèle compagne du Hêtre. Non seulement elle possède un rhizome, assez grêle il est vrai, mais ses tiges, lorsqu'elles pendent jusqu'au sol, reprennent racine ; aussi elles couvrent parfois de grandes surfaces. Les mammifères herbivores en sont très friands et on l'apprécie beaucoup dans le fourrage car elle parfume le lait des vaches. Si vous en coupez quelques brins, laissez une part de la tige avec quelques verticilles (feuilles disposées en roue) car, privée de toutes ses feuilles, une plante ne peut survivre.

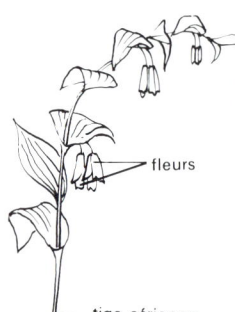

Le Sceau-de-Salomon doit son nom à l'aspect de son rhizome sur lequel les tiges disparues laissent des cicatrices rondes, ressemblant à des cachets (sceaux) que la légende attribue au roi Salomon. Chaque segment du rhizome, tige souterraine, rampante et blanchâtre, correspond à une année de la plante : c'est donc une vivace.

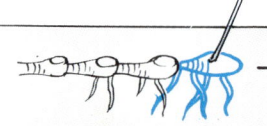

Vivaces aussi, la petite Pervenche (ci-dessous) et la Jacinthe (à droite) ne sont ni rares ni protégées. Mais n'en faites pas une cueillette inconsidérée que vous abandonneriez ensuite...

Nous devrions nous conformer partout à cette règle de la Suisse : « L'arrachage et la cueillette de toute plante croissant à l'état sauvage sont limités à la quantité que l'on peut tenir dans la main. »

Nous ne pouvons vous parler de toutes les plantes des bois et nous avons cité là quelques espèces courantes, vous en trouverez bien d'autres ; examinez-les soigneusement et recourez à une Flore (p. 98) pour les identifier et apprendre leurs particularités. Et pourquoi ne pas commencer un « Herbier des bois » ? Vous ne prenez qu'un ou deux spécimens de plantes fleuries afin de les faire sécher sous presse (p. 36) entre des buvards. Vous les disposez avec goût sur du papier fort, sans oublier de dater vos récoltes.

Le feuillage des arbres va maintenant se développer rapidement, donnant aux forêts et aux bois de feuillus trois semaines de lumineuse et transparente beauté avant que ne se ferme le dôme de verdure.

RÉSERVES DE VIE EN L'AIR OU SOUS TERRE...

Pourquoi les plantes à fleurs à réserves souterraines sont-elles plus nombreuses sous les arbres que les plantes issues chaque année de graines ? C'est que ces dernières, dans le sous-bois ombreux, sont moins facilement fécondées, les transporteurs de pollen (insectes plus rares et vent très réduit) y agissent moins. Elles se cantonnent aux lisières et aux clairières ensoleillées : les conditions de vie y sont meilleures, les pollinisateurs plus nombreux et actifs, aussi la production de graines est-elle plus abondante dans ces zones favorables.

BEIGNETS AU PARFUM DE PRINTEMPS

Le Robinier faux-acacia, appelé communément Acacia, fleurit en mai - juin, et ses belles grappes de fleurs blanches embaument l'air autour de lui. C'est le moment de récolter ces fleurs pour en faire de savoureux beignets.

Préparez une pâte à frire. Pour cela, mettez de la farine (1 bonne cuillerée à soupe par personne) dans un petit saladier, faites un puits au centre, cassez-y un œuf (pour 4 cuillerées de farine), ajoutez une cuillerée d'huile et une pincée de sel. Délayez pour faire un pâton sans grumeaux, et ajoutez peu à peu de l'eau ou du lait jusqu'à ce que votre pâte nappe la cuillère que vous en sortez.

Trempez dans cette pâte les grappes parfumées en les tenant par la queue, puis lâchez-les dans la friture brûlante. Quand les beignets sont dorés, enlevez-les, égouttez-les sur un papier absorbant et servez-les chauds, saupoudrés de sucre vanillé.

Vous pouvez aussi équeuter les fleurs, les mêler à la pâte et les faire frire cuillerée par cuillerée.

Vous ferez, d'ailleurs, des beignets de la même façon avec les fleurs de Sureau, bien parfumées elles aussi, après vous être assuré qu'elles sont bien fraîches et n'abritent pas de petits insectes.

3 plantes étranges...

LA NÉOTTIE.

Sous les Hêtres, vous rencontrerez un curieux végétal dont les fleurs brunes se détachent peu sur le tapis de feuilles mortes. Sa couleur de cuir révèle qu'elle ne contient pas de chlorophylle. C'est une Orchidée, la Néottie, appelée aussi Nid-d'oiseau.

La Néottie ne peut se développer — comme la plupart de nos ravissantes Orchidées sauvages, d'ailleurs — que si un Champignon allié habite ses racines courtes, épaisses, enchevêtrées en forme de nid d'oiseau et qui lui valent son nom. Les filaments souterrains du champignon (le mycélium) s'insinuent dans les cellules des racines et envahissent la plante, du dedans. Celle-ci vit en commun avec le champignon, elle est en « symbiose » avec lui — on appelle ainsi cette association indispensable à la vie de deux éléments — et tous deux en tirent des avantages.

Les filaments du champignon, que l'on ne peut voir, sortent en partie des racines de l'Orchidée, pénètrent dans l'humus et y puisent des matières organiques. Ils absorbent aussi des substances minérales. La Néottie reçoit ces produits, compensant ainsi l'absence de la chlorophylle.

Au bout de dix ans environ de cette vie en symbiose, le Nid-d'oiseau dont la souche s'est allongée chaque année, est assez fort pour fleurir. C'est une tige de 20 à 40 cm, qui porte les fleurs en mai-juin. Une fois les fruits mûrs, la plante se dessèche et meurt mais, parfois, des extrémités de racines se transforment en bourgeons pour donner de nouvelles souches.

LA CLANDESTINE.

Il n'est pas que des champignons pour agir sous terre. Une plante, la Clandestine, y vit presque toute l'année sur les racines du Noisetier, du Hêtre, de l'Aulne et d'autres arbres ou arbustes.

La Clandestine a besoin naturellement de substances nutritives qu'elle ne peut élaborer, ne possédant pas de chlorophylle. Alors, elle vit aux dépens d'une plante-hôte. Sa souche ramifiée, couverte de feuilles écailleuses très serrées, a des racines munies de suçoirs qui pénètrent dans celles de sa victime jusqu'aux vaisseaux conduisant la sève. Cette parasite pompe littéralement sa nourriture et se développe ainsi sous terre, durant des années, accumulant des réserves.

Après dix années de clandestinité, la plante fleurit. C'est en mars-avril, au moment où son hôtesse véhicule le plus de sève, que la Clandestine fait surgir à la lumière des pousses charnues portant des fleurs à deux lèvres d'un rose très pâle. Ces fleurs sont visitées par les Bourdons velus qui assurent la pollinisation.

En plus de ces fleurs normales la Clandestine porte des boutons souterrains qui, sans fécondation apparente, donnent des graines fertiles... Ainsi a-t-elle beaucoup de chances de se propager.

Autre curiosité : les graines échappées des fruits mûrs et enfouies dans le sol par les pluies y restent en sommeil des années durant... Mais qu'elles entrent en contact avec une plante-hôte et, bien vite, elles germent !

LE BLÉ-DE-VACHE.

Le Blé-de-Vache, autrement dit Queue-de-Renard est plus scientifiquement dénommé le Mélampyre par les botanistes. Il fleurit de mai à septembre.

Comme celles de la Clandestine, ses racines percent les vaisseaux conducteurs de sève des arbrisseaux de la forêt et absorbent l'eau et les sels dissous dont elles ont besoin. Les plantes ligneuses auxquelles le Mélampyre dérobe une part de leur sang végétal sont surtout les Bruyères et les Myrtilles.

Il n'est pourtant qu'à demi-parasite car il possède des feuilles bien vertes et, grâce à leur chlorophylle, élabore lui-même une bonne proportion des matières organiques nécessaires.

Les fleurs jaunes et lilas du Mélampyre ont deux lèvres comme celles des Gueules-de-loups, mais plus fortement appliquées l'une sur l'autre. Les Bourdons qui assurent leur pollinisation abaissent de tout leur poids la lèvre inférieure pour forcer le passage. Certains Papillons cherchent aussi le nectar qui remplit parfois les 2/3 du tube de la corolle. Leur trompe longue et fine s'introduit par une fente imperceptible.

Les Fourmis sont également au service de la plante, sans le savoir bien sûr... De la double capsule du fruit, elles extraient les deux graines dont l'enveloppe extérieure excite leur gourmandise. Elles assurent ainsi la dissémination des graines qui germent... si elles ont la chance, pendant une courte période propice à cette germination, de rencontrer une plante-hôte.

un brin de Muguet

Aux premiers jours de mai, le Muguet sauvage s'épanouit dans les sous-bois humides et ombragés des feuillus. Il aime un sol assez riche et un peu calcaire. Les grappes sont d'abord toutes serrées, grains verts contre la lance de la feuille. Puis les clochettes si parfumées s'ouvrent.

La hampe de la fleur porte 4 à 9 clochettes pendantes, à six dents, formant une grappe penchée d'un seul côté ; chaque fleur est tenue par un court pédoncule, à la base duquel on trouve une petite feuille ou bractée.

La naissance de cette grappe est précédée par une vie mystérieuse... Le Muguet est une plante vivace : sa tige souterraine est un rhizome mince, plusieurs fois ramifié, qui porte, à l'extrémité de ses ramifications, deux bourgeons latéraux. Ceux-ci se développent et les feuilles, crevant la surface du sol, jaillissent à la lumière. Entre les deux larges feuilles enroulées en cornet à leur base et enveloppées par des gaines membraneuses, surgit la tige florifère qui porte les boutons à son sommet.

Les fruits sont de petites baies rouges contenant deux à six graines bleues qui, tombées à terre ou transportées dans les déjections d'animaux les ayant avalées, peuvent à l'occasion reproduire la plante.

Toutefois, le Muguet se reproduit plutôt par ramification du rhizome que par graines. C'est pourquoi, dans les bois, il ne faut pas prélever l'appareil souterrain.

Une fois de plus, nous ne saurions trop vous recommander une sage cueillette si vous « allez au Muguet ». Même si une espèce végétale est largement représentée, ne la moissonnez jamais complètement. Le fait de détruire toute la floraison peut avoir pour elle de fâcheuses conséquences.

Vous avez trouvé un « beau coin » ; respectez-en l'équilibre en ne concentrant pas la cueillette sur un tout petit espace mais en la répartissant sur l'ensemble. Cueillez proprement les brins fleuris sans saccager le reste de la plantation.

Et encore un conseil : mieux vaut ne pas mâchonner un brin de Muguet pendant les cueillettes... toutes les parties de la plante contiennent un peu de substance toxique, moins violente que celle de la Digitale, mais cependant à éviter.

des nids à tous les étages

La hêtraie-chênaie est la forêt qui héberge le plus d'oiseaux. Surtout aux heures matinales, les jeunes frondaisons retentissent durant tout le printemps de poursuites, de cris et de chants. C'est la meilleure époque pour les voir ; ils sont très actifs car c'est la saison des amours et la végétation encore très légère ne les cache pas. Profitez-en pour apprendre à les reconnaître comme il est dit p. 34.

C'est que les bois offrent aux oiseaux toutes sortes de possibilités de vie. Même quand une bonne partie de leur existence se passe hors des limites de l'habitat forestier, beaucoup d'espèces continuent d'y nicher. Les oiseaux trouvent dans ce milieu une nourriture qui leur convient, des sites propices à l'installation de leurs nids, des postes de chant choisis selon les habitudes de chaque espèce...

◀ Sur le sol, des Merles noirs au bec jaune et des Merlettes brunes retournent bruyamment la couche de feuilles mortes pour découvrir leur nourriture.

Le Rouge-gorge, qui délimite son territoire dès la fin de l'hiver, niche à terre comme le Rossignol et le Faisan. La femelle, dont la poitrine est moins colorée, couve seule... pendant que le mâle cherche la provende en sautillant sur le sol élastique de la forêt.

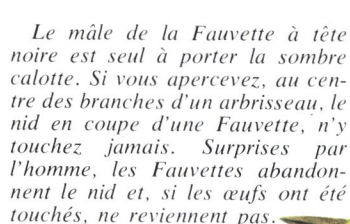

Le mâle de la Fauvette à tête noire est seul à porter la sombre calotte. Si vous apercevez, au centre des branches d'un arbrisseau, le nid en coupe d'une Fauvette, n'y touchez jamais. Surprises par l'homme, les Fauvettes abandonnent le nid et, si les œufs ont été touchés, ne reviennent pas.

L'élégante Mésange charbonnière est aussi jolie qu'agressive au cours de ses recherches au long des troncs et des branches. Elle s'associe pourtant à d'autres Mésanges pour exploiter en bandes arbres et haies.

Le Pinson des arbres mâle, bien plus coloré que sa compagne, beige verdâtre, est sans doute le premier à délimiter ses frontières : dès février, son joli chant d'amour nous réjouit. A l'intérieur des bois, les hautes branches sont pour lui des garde-manger pleins d'insectes.

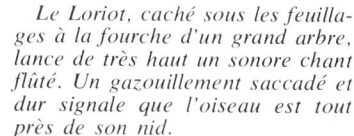

Le Loriot, caché sous les feuillages à la fourche d'un grand arbre, lance de très haut un sonore chant flûté. Un gazouillement saccadé et dur signale que l'oiseau est tout près de son nid.

Vite apeurée, enlevant lourdement, d'un claquement de ses ailes arrondies, sa silhouette massive aux pattes courtes, la Bécasse va, dénichant des larves et gobant les graines restées à germer sous les feuilles mortes...

Le Coucou gris est un « parasite » : il fait élever sa progéniture par d'autres passereaux. Il vous arrivera d'entendre des « Cou Cou Cou » rauques et précipités au lieu du calme appel que vous connaissez ; c'est qu'alors un mâle poursuit une femelle.

Le Faisan, le Rouge-gorge, le Rossignol nichent à terre, au bas d'un buisson, dans les ronciers, dans une touffe d'herbes et de Fougères. Et les nids des Pouillots y sont aussi, petites boules d'herbes sèches, ouvertes sur le côté, exposées à mille dangers... « Zilp-zalp... » ce joli cri jailli d'un buisson, juste devant vous, c'est justement celui d'un Pouillot véloce. Afin de ne pas déranger les nicheurs, vous prendrez beaucoup de précautions.

Dans les bois de feuillus ou de conifères, au sol humide, surtout dans le Nord, l'Est, les régions montagneuses de la France, la Bécasse cherche sa nourriture dans l'humus, vermillant de son long bec droit. Au printemps, c'est au crépuscule que les mâles survolent les bois avec des cris graves suivis d'une note aiguë. Ce vol nuptial, c'est la « croule », attentivement remarquée par les chasseurs qui repèrent dans les bois les « places à Bécasses », car cet oiseau-gibier reste fidèle à un territoire très localisé.

La Fauvette à tête noire est commune mais guère facile à observer. Hôte habituel des buissons, elle se montre peu à découvert et se faufile comme un lutin dans la végétation dense des arbustes où se cache son nid d'herbes sèches.

Plus vous pénétrez à l'intérieur des bois, plus vous voyez et plus vous entendez les oiseaux uniquement forestiers : Pinson des arbres, Pic épeiche, Pouillot siffleur, Mésange charbonnière, alors que Merles, Rouges-gorges, Fauvettes qui hantent aussi bien les haies campagnardes ne se rencontrent plus.

Au long des troncs et des branches, les oiseaux trouvent des insectes innombrables. Et puis les grands arbres offrent souvent des trous qu'il est possible d'agrandir pour y loger un nid. Le tronc des plus vieux est souvent atteint au cœur par un début de pourriture. Dès lors, les Pics peuvent forer plus facilement et bien d'autres oiseaux profitent de ce travail pour s'aménager une sombre cachette.

Quand le soleil emplit le ciel, les Rapaces diurnes partent pour chasser. Un Faucon crécerelle loge, selon une habitude courante de son espèce, dans un groupe de résineux en retrait de la futaie de Chênes. Il va survoler le bois pour rechercher les Mulots dans les champs. Des Buses variables tournoient.

Le roi des forêts, c'est l'Autour des Palombes, dont le nid est placé très haut dans les arbres. De là, il fond sur les Geais des chênes et sur les Pigeons ramiers qu'il poursuit ; si par hasard il vous arrive de le voir, vous serez fasciné par ce spectacle.

Près du tronc d'un arbre, la Mésange à longue queue a placé son nid ovoïde, bien fermé, avec une seule petite entrée latérale. Il est construit avec de la mousse, des fibres, des lichens, des toiles d'araignées et douillettement garni de plumes pour le bien-être des 7 à 12 petits de l'oiseau.

Il est rare de surprendre le Rossignol au nourrissage des petits, bien protégés dans la végétation herbacée.

Le couple de Bouvreuils pivoine est bien attentif ; la femelle s'écarte un peu pour laisser le père nourrir à son tour les oisillons.

Vous ne pouvez surprendre des animaux ou les observer en action que si vous êtes parfaitement dissimulé. Il est donc bon que vous puissiez faire, dans cette intention, un poste de guet où vous vous cacherez pour voir sans être vu.

Il faut l'installer à proximité d'une mare où vous avez relevé de nombreuses empreintes d'animaux qui viennent s'y désaltérer. Ou bien près d'un sentier portant des traces de passage de bêtes. Ou encore à la lisière d'une clairière où vous pourrez voir quelques mammifères à découvert, et des oiseaux sur les herbes et les arbustes dans un éclairage favorable. Pas trop près cependant, car votre odeur décelée par les animaux au flair sensible suffirait à les faire fuir.

Comment l'établir? Adossez une grande branche morte, mais solide, à un arbre, bien calée; ou tendez une corde entre une branche de l'arbre et le pied d'un autre juste assez éloigné pour que vous puissiez vous glisser entièrement sous l'abri. Appuyez en biais, de part et d'autre, des branchages sur la « poutre maîtresse » ou sur la corde, et achevez les deux cloisons inclinées que vous obtenez ainsi, en les couvrant de fougères, de feuillages et d'herbes. Ne coupez pas de branches sans autorisation du propriétaire du bois, ne saccagez pas les arbustes voisins et changez le moins possible l'aspect général du lieu.

Laissez aux animaux le temps de s'accoutumer au changement que vous apportez ainsi dans le décor, avant d'y commencer vos stations de guet. Vous pourrez alors vous glisser à reculons dans l'abri et, patient, immobile et silencieux, guettant par un trou du feuillage, vous arriverez à voir sans être vu, et peut-être à photographier un animal saisi de près, si l'éclairage est suffisant.

Une variante consiste à tendre une corde horizontale entre deux arbres dans un taillis, à 80 cm du sol environ : les branchettes que vous appuierez dessus n'ont pas tendance à glisser comme sur une corde inclinée, surtout si vous les piquez un peu en terre. Vous pourrez entrer par l'une ou l'autre extrémité. Mais il vous faut un peu plus de matériaux et votre poste est plus visible.

Enfin, il est parfois possible, dans un bois de feuillus bien fournis, de s'installer dans une enfourchure, assis ou à califourchon, assez commodément pour supporter une longue attente, et bien dissimulé par les feuillages. Au besoin vous renforcerez votre camouflage à l'aide de quelques rameaux feuillus.

Il peut être alors prudent de vous « assurer » par une corde à une solide branche, si vous craignez de vous endormir pendant l'attente! Mais un bon guetteur peut-il dormir quand il espère d'heureuses surprises et que le bois bruit autour de lui?

UN POSTE DE GUET

ROSSIGNOL PHILOMÈLE, L'INCOMPARABLE CHANTEUR

Dans la nuit calme de mai, après un prélude d'une infinie douceur, Philomèle, notre Rossignol commun, laisse fuser un chant très pur... Qu'un rayon de lune l'éclaire et l'observateur ami des oiseaux qui, bien dissimulé, le guette dans le silence, l'aperçoit dressé sur ses tarses minces, agriffé à la branche de l'arbre, tête levée; l'oiseau est comme concentré dans les vibrations de son gosier.

Il a lancé doucement une note, puis l'a répétée, et la mélodie se dessine. Elle se déploie à présent et plus la nuit s'avance, plus le chant devient beau. Jamais le chant du Rossignol n'est absolument le même; on croirait qu'il cherche sans cesse des trilles nouveaux.

Les oiseaux n'ont pas de cordes vocales mais ils possèdent un organe spécialisé, le syrinx. C'est par la puissance remarquable des muscles de son syrinx que le Rossignol demeure le champion des passereaux chanteurs. De son corps fragile jaillit une voix qui porte dans un rayon d'environ 1 km.

Tous les Rossignols ont leur voix établie par hérédité physique, mais chacun possède des facultés individuelles; ils sont plus ou moins doués quant à la durée des roulades et à la puissance du souffle. Ils sont plus ou moins capables d'improvisation dans leur mélodie, contenue dans une seule octave. Il a été compté 24 phrases différentes dans le registre d'un excellent chanteur capable de soutenir une phrase pendant 20 secondes..

On a pu observer que le Rossignol recherche souvent, pour se poster, le voisinage d'un écho, un espace libre où déployer sa voix.

Il rentre d'Égypte ou de Palestine dans la première quinzaine d'avril. Il prépare son nid à la fin du mois sous un buisson, ou entre les racines d'un arbre, dans les herbes. C'est une coupe montée sur fond de feuilles mortes, au moyen de tiges, de petites racines et d'herbes entremêlées. L'intérieur est garni de crin et de feuilles sèches. Le berceau est bien dissimulé et les oiseaux s'y rendent avec précaution. La femelle pond 5 œufs olivâtres et les couve de 14 à 20 jours, qui correspondent à la meilleure période de chant du mâle. Ce dernier, pour ne pas attirer l'attention des bêtes dangereuses, se perche sur un arbre voisin. Son concert nocturne ne lui enlève pas toute envie de chanter dans la journée. Mais alors on l'entend tout doux, comme en rêve.

Pas plus que son épouse, le Rossignol ne se fait remarquer par la teinte du plumage. C'est un modeste personnage, qui ne supporte guère de voisins lorsqu'il se met en ménage au printemps et qui vit seul le reste du temps. C'est seul aussi qu'il regagne les rives du Nil ou celles du Cédron en Palestine. Les départs se font progressivement d'août à novembre selon les contrées et le voyage s'effectue par petites étapes.

jusque sur le tronc d'un peuplier voisin et nous avons vu le ventre roussâtre, avec une tache claire de la gorge à la joue. L'oiseau prend toutes les positions sur le nouvel arbre qu'il explore et semble s'adonner à une danse acrobatique, à un rythme étourdissant...

Pour réussir une telle gymnastique avec tant d'énergie et de grâce, il n'est que la Sittelle torchepot... Dans les bois (et parfois dans les parcs) elle est la nettoyeuse attitrée des Chênes et des Noyers, des Peupliers et des Châtaigniers. Dans les forêts de tous genres et en montagne jusqu'à la limite supérieure des arbres, Insectes et Araignées ne trouvent pas grâce. Bien sûr, les graines ne sont pas négligées, celles du Tilleul, de l'Érable, ni, en automne, les noisettes, que la Sittelle coince dans une fente de l'écorce et dont elle perce l'enveloppe sans grande peine.

Dans un nid de Pic désaffecté ou dans un trou d'arbre, notre équilibriste va se faire une installation personnelle.

LE POUILLOT SIFFLEUR

Le champion des siffleurs en forêt, c'est un Pouillot. A l'exception du Pouillot véloce qui est très répandu partout et hiverne au bord de la Méditerranée, les Pouillots sont des migrateurs qui vont au-delà du Sahara. Ils entreprennent donc de longs voyages en dépit de leurs petites ailes et de leur poids inférieur à 10 g.

Le Siffleur est un vrai forestier, qui vit au cœur de la forêt.

Mâle et femelle sont semblables, jusqu'à leur sourcil jaune; le dos est vert teinté de jaunâtre, la gorge et la poitrine jaune soufre et le ventre blanc.

Le Pouillot lance un cri d'appel et c'est un intense « Tiuu ». Puis sa gaieté anime la forêt d'une suite de notes au rythme de plus en plus accéléré et qui forment un trille à la fin : « Sib sibsibsib sibsibsirrr ». Un moment après, on l'entend dérouler une autre phrase également descendante mais à chaque note égale, ce qui la rend mélancolique à nos oreilles : « piu piu piu piu piu ». C'est son chant quand il est perché...

Le Siffleur a son nid à terre comme les autres Pouillots et les Fauvettes. Il est fait de feuilles sèches, de racines, de brindilles et a la forme d'un four, avec une entrée latérale; il se confond parfaitement avec les feuilles mortes où il est construit. Il est bien rare que des plumes en garnissent l'intérieur. Le mâle s'associe à la femelle pour couver.

Il arrive parfois que le Coucou choisisse un nid de Pouillot pour y déposer un œuf. Beaucoup de passereaux ne réagissent pas devant l'œuf étranger présent dans leur nid. D'autres, au contraire, abandonnent le nid parasité ou même le détruisent. C'est le cas du Pouillot siffleur chez lequel les ornithologues (savants qui étudient les oiseaux) ont constaté une moyenne de 67 % d'abandons. Exceptionnellement, nos oiseaux victimes de ce drame recommencent une deuxième couvée (5 à 7 œufs). Ne faut-il pas assurer à la forêt une relève de gais siffleurs?

trois *champions* chez les *oiseaux*

MEILLEURE ÉQUILIBRISTE, LA SITTELLE

Quel est donc sur le tronc de ce Chêne, ce petit passereau cascadeur qui grimpe en vrille tout en piochant l'écorce de son bec droit comme un stylet? A peine le temps de nous laisser apercevoir sa queue très courte, solide, carrée... et le voilà qui, sans jamais perdre patte, dévale ce même tronc d'un élan, la tête en bas cette fois. Les ailes se sont ouvertes pour un vol bref

Ah, si vous pouviez la voir préparer allègrement son mortier en agglomérant avec sa salive de la terre, souvent peu friable, qu'elle piquette finement! Avec ce mortier, la Sittelle maçonne solidement l'extérieur du trou où elle installe son nid, sculptant un arc de cercle épais qui surplombe l'entrée du nid et la rétrécit. C'est pour cela qu'on l'appelle « torchepot » et qu'on la surnomme parfois : Pic maçon.

Plus à craindre, dès lors, ces gros sans-gêne d'Étourneaux, plus à redouter les Loirs et les Lérots qui seraient tentés de se glisser dans le nid pour y gober les œufs!

C'est en février déjà qu'elle entame les cérémonies nuptiales.

Fin avril ou début mai, 6 à 8 œufs sont pondus puis couvés durant 15 à 18 jours par la femelle que le mâle nourrit. Le couple se fait discret et silencieux quand les jeunes sont nés. Il les nourrit, garde le nid propre en rejetant au dehors les excréments... A 24 jours on voit partir les petits sans espoir de retour.

Mâle et femelle alors s'en vont chacun dans son trou. Leur territoire peut s'étendre jusqu'à 30 hectares, surtout lorsque la contrée manque de vieux arbres où établir le nid. A l'annonce du printemps suivant, ils sauront se retrouver.

élevez une SALAMANDRE

La Salamandre est une bien jolie bête que vous rencontrerez parfois dans les bois, après un orage ou dans un lieu très humide. Inoffensive, utile comme destructrice de Limaces et de petits insectes, elle s'élève facilement si on lui reconstitue un habitat conforme à ses besoins.

Il vous suffit pour cela d'un bac d'aquarium au fond duquel vous mettrez une épaisse couche de sable en pente, ménageant d'un côté une toute petite mare remplie par l'eau qui garnira le fond de l'aquarium sur 4 ou 5 cm de profondeur. Sur la pente de sable, hors de l'eau, ménagez un abri de pierres et de mousses sous lequel la Salamandre puisse se tenir à l'abri de la lumière et en humidité constante. C'est tout.

La nourriture consistera en Vers de terre et Limaces vivantes : la bête ne s'empare volontiers que des proies qui bougent. N'en donnez pas trop : l'excès de nourriture tue les animaux en captivité. Vous verrez l'étonnant spectacle de la Salamandre sortant de son abri pour guetter longuement sa proie, la saisir brusquement et l'avaler par saccades.

Enlevez toujours avec soin les proies non ingurgitées et mortes qui souilleraient le bac.

Si les Vers viennent à manquer un jour, un peu de viande hachée crue peut calmer l'appétit de votre hôte, mais c'est rare de voir l'animal se ruer dessus, à cause de l'immobilité de la pâture offerte. Mais rassurez-vous : la Salamandre peut jeûner quelque temps sans dommage.

Il est possible que vous ayez la chance de trouver une Salamandre femelle fécondée. Vous aurez alors la surprise de la voir se diriger de temps à autre vers la petite mare ménagée dans le bac, y tremper son cloaque et pondre une larve, petite Salamandre de 3 cm, avec 4 pattes, mais munie de branchies externes bien visibles, qui vivra dans l'eau pendant trois mois avant de devenir un animal terrestre. Votre Salamandre peut en « pondre » ainsi en plusieurs jours une cinquantaine et plus, que vous devrez installer dans un véritable aquarium et nourrir de fragments de Vers, de Vers de vase, de râpure de viande ou de foie crus, jusqu'à leur transformation, marquée par la perte de leurs branchies. Il faudra alors les sortir de l'eau et les traiter comme vous traitez la mère.

Nota. Ne confondez pas la Salamandre, qui ne va à l'eau que pour pondre (les mâles n'y vont jamais) avec le Triton, essentiellement aquatique. La première a une queue à section ronde ; le second a la queue aplatie latéralement.

Pour Robin des Bois

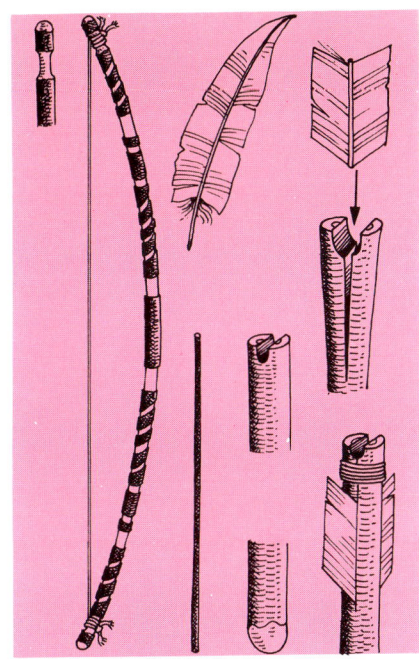

Un arc, des flèches, c'est la source de bien des amusements.

Pour l'arc, il vous faut choisir une tige droite, si possible sans rameaux latéraux, assez grosse (20 mm environ de diamètre) pour donner une forte propulsion, assez flexible pour permettre une longue traction sur la corde. Vous trouverez dans les taillis ce qu'il vous faut parmi les rejets. Les rameaux de noisetier, de châtaignier présentent souvent les qualités nécessaires.

Selon vos ambitions, choisissez une tige de 1 m à 1,50 m, et débarrassez-la très soigneusement, au canif, de toutes les aspérités qui peuvent se présenter : bourgeons axillaires, cicatrices de feuilles tombées, petits rameaux latéraux, afin qu'elle soit bien lisse d'un bout à l'autre. Faites une gorge à 2 cm de chaque extrémité, pour y fixer la corde bien tendue par une légère courbure de la tige. La distance de la corde à la tige ne devra pas excéder 15 cm au milieu de l'arc si vous voulez avoir un écart suffisant de la corde quand vous banderez l'arc.

Les flèches seront choisies fines et très droites, sans aspérités, dans des bois légers. Leur longueur est généralement la moitié de celle de l'arc. Pratiquement elle dépend de la tension que vous donnerez à la corde quand vous banderez l'arc ; il faut que, le talon de la flèche étant appuyé sur la corde tendue, la tête appuyée à la main qui tient la tige de l'arc dépasse celle-ci de 15 à 20 cm.

Le talon de la flèche comportera une petite encoche qui permet de la pincer sur la corde sans qu'il glisse : c'est en tirant sur ce talon, la flèche en place, que vous tendrez la corde. Vous pouvez y fixer une ou deux plumes assez raides, larges et courtes : cet empennage stabilise la flèche sur sa trajectoire. Vous avez intérêt à faire de la partie la plus grosse de cette fine tige tête de la flèche, afin que celle-ci ne bascule pas pendant son trajet : un bon équilibre est obtenu quand le centre de gravité de la flèche se trouve environ au 1/3 avant de sa longueur. Soupesez donc vos flèches en les plaçant horizontalement en équilibre sur votre index tendu.

Il est bon aussi d'écorcer ces flèches ou de les peindre de couleur claire afin de les retrouver facilement après le tir.

Et ne tirez pas quand il y a quelqu'un devant vous ; même à bout de course, une flèche peut être dangereuse.

DES SIFFLETS SANS PRÉTENTION

Vous avez oublié le sifflet qui vous permet de signaler votre position à vos compagnons de recherches ? Qu'à cela ne tienne !

Coupez une petite branche (jeune) de sureau. Débitez-la en courts tronçons de 5 à 6 cm de long, que vous viderez soigneusement de leur moelle. En bouchant (avec un doigt par exemple) la partie inférieure d'un des tubes obtenus et en appliquant ce tube verticalement à votre menton, de telle sorte que son orifice supérieur libre arrive au niveau de votre lèvre inférieure, soufflez en avançant un peu la lèvre supérieure. Vous obtiendrez un son plus ou moins aigu selon le diamètre de la partie évidée de la tige. Essayez-en de plusieurs tailles, choisissez le « sifflet » qui vous semble le plus audible. Vous n'obtiendrez pas les sons aigus que donnent certains sifflets métalliques qui portent très loin, mais vous pourrez quand même communiquer à brève distance avec vos compagnons si vous les perdez de vue dans les taillis.

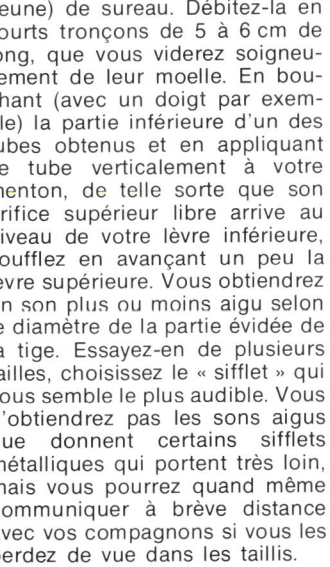

Si l'on veut bien connaître un oiseau et le suivre au cours d'observations étalées dans le temps, il faut d'abord l'identifier. A défaut de la consultation d'une personne expérimentée, il vous faudra un Guide des Oiseaux. Nous vous indiquons p. 98 quelques titres d'ouvrages illustrés, que vous pourrez peut-être trouver à la bibliothèque de votre école. Vous vous appuierez sur les observations que vous avez déjà faites et notées. Il faut donc que vos notes soient assez complètes et précises pour guider votre recherche dans le livre.

Comment observer ?

Si un oiseau surgit devant vous, immobilisez-vous aussitôt, restez silencieux : vous aurez peut-être quelque chance de le bien voir pendant qu'il vous observera lui-même. Mais le silence, l'immobilité et le camouflage sont nécessaires pour un bon examen. Il est fort utile d'avoir une bonne jumelle pour relever les détails d'un peu loin.

Il vous faut un carnet de notes et de croquis. Vous opérerez vite et sans omissions, soit pendant l'observation si l'oiseau ne peut vous voir bouger, soit aussitôt après son départ. Voici quelques conseils pour économiser les mouvements et gagner du temps dans la prise de notes.

Préparez, avant de vous mettre en route, des croquis très simples d'oiseaux, sur lesquels vous écrirez directement les caractères relevés, les couleurs principalement. Des notes prises au crayon noir pourront être effacées ensuite : cela rendra les croquis disponibles pour d'autres observations.

Ayez sur une feuille de votre carnet la liste des caractéristiques à rechercher ; vous y pointerez celles que vous observez. Notez d'un mot ou d'une croix, pour ne pas trop quitter l'oiseau des yeux. Si vous dessinez vite, de petits croquis de détail pourront enrichir vos notes (forme du bec ; proportions tête-corps-queue)...

Ensuite, au calme d'une pause ou rentré chez vous, vous consulterez le Guide. Selon vos observations et en examinant les illustrations du livre, vous trouverez le nom du sujet observé et les détails concernant son mode de vie, sa nourriture, sa reproduction, ses migrations éventuelles. En le revoyant par la suite, vous pourrez vérifier votre observation première et, d'avoir appris ces détails, vous vous intéresserez davantage à lui. N'est-ce pas le but de vos recherches ?

Type de croquis à préparer. Les numéros indiquent les parties pour lesquelles on notera couleurs et détails (taches, rayures, mouchetures, etc.) à même le dessin.

1	bec	**7**	queue
2	front	**8**	aile
3	tête	**9**	flanc
4	joue	**10**	poitrine
5	dos	**11**	gorge
6	croupion	**12**	pattes

pour reconnaître les oiseaux

Notes concernant l'apparence et le comportement (liste à préparer, sur laquelle on portera tout ce qu'on remarquera).

Taille   comparée à un oiseau connu : moineau ? pigeon ? poule ?

Formes   forme générale : en silhouette posée ; en vol...
bec : dimensions ? pointu ? épais ? crochu ?...
pattes : longueur ? grosseur ? nues ou emplumées ?...
queue : longueur ? arrondie ? fourchue ? étalée ? dressée ?...

Plumage   (voir croquis) couleurs ? taches, rayures, bandes, mouchetures ?...

Attitudes   au sol ? perché ? seul ou en groupe ?...

Déplacements   au sol : cadence ? marche ? sauts ?...
en vol : en ligne droite ? par vagues ? saccadé ? en zigzag ? plané ? vol à voile ?

Noter aussi l'époque et le lieu de rencontre. Et, si possible, des renseignements concernant le chant et les cris (alarme, appel, défense, fuite...).

On peut reconnaître un oiseau en l'air, à sa silhouette et à son vol. C'est surtout le cas pour les Rapaces, qui pratiquent le vol à voile ou le vol plané pendant lequel la silhouette ailes étendues apparaît bien.

Les Buses ont la queue courte, élargie et arrondie à l'extrémité, les ailes droites; elles volent en cercles;

l'Autour, comme les Éperviers, a la queue longue, un battement très brusque des ailes bien arrondies.

Les Milans ont la queue longue et fourchue;

les petits Faucons ont aussi la queue longue, mais les ailes fines, à extrémités pointues. Vous verrez parfois ces derniers, en l'air, faire du « sur place » en battant très vite des ailes, avant de fondre sur une proie au sol. Leur vol normal est très rapide.

Mais il faut, pour ces « reconnaissances », un certain entraînement qu'on prend le plus souvent grâce aux indications d'un connaisseur.

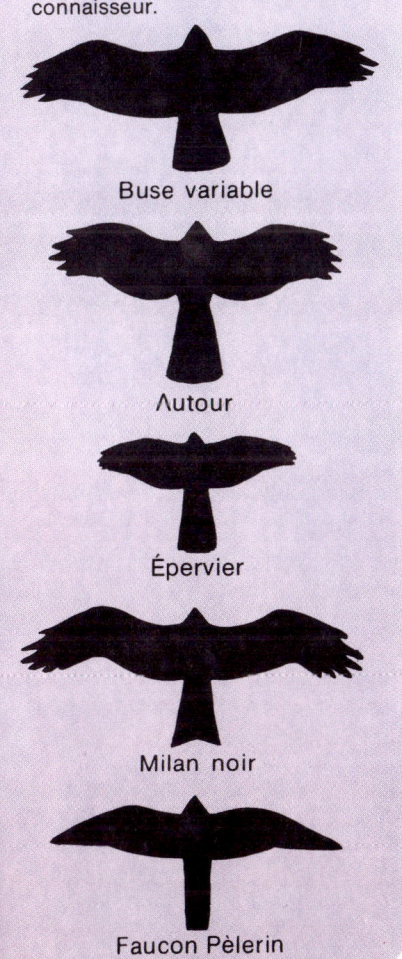

Buse variable

Autour

Épervier

Milan noir

Faucon Pèlerin

RAMEAUX MATHÉ— MATICIENS

Vous n'avez pas été sans remarquer que les feuilles des plantes, selon les espèces, ont une disposition simple sur les rameaux, ou semblent s'insérer un peu partout et n'importe comment.

Eh bien! détrompez-vous : rien n'est laissé au hasard dans leur implantation. Leur point d'insertion est fixé dans chaque espèce par une règle arithmétique déterminée, et vous pouvez le vérifier, même sur des rameaux qui n'ont plus leurs feuilles, mais portent les cicatrices de l'attache des pétioles.

Cherchez des rameaux d'arbres à feuilles alternes, c'est-à-dire fixées isolément sur la tige, les unes après les autres. La vérification y est facile. Remarquez que pour passer d'une insertion à la suivante, vous devez faire tourner plus ou moins le rameau. Ainsi sur une tige d'Orme, quand vous avez une attache de feuille juste devant vous, celle de la suivante lui est diamétralement opposée et vous devez faire faire un demi-tour à la tige pour avoir cette attache devant vous. Il faut un autre demi-tour pour passer à la suivante, et ainsi de suite. Cet écart latéral de deux feuilles consécutives s'appelle leur divergence, et quelle que soit la distance de feuille à feuille dans le sens de la longueur du rameau, la divergence reste la même d'un bout à l'autre de la tige, et sur toutes les tiges de la même plante...

Dans le cas de l'Orme, elle est d'un 1/2 tour, et vous constatez que pour arriver à la feuille insérée juste au-dessus de celle du départ, il vous faut faire un tour complet (1) et parcourir deux intervalles longitudinaux (2), ce qui permet de retrouver les termes de la fraction 1/2. Sur un rameau d'Aulne, il vous faut parcourir 3 intervalles longitudinaux pour arriver à la feuille insérée juste au-dessus de celle du départ, après avoir fait un tour complet du rameau : la divergence, chez l'Aulne, est de 1/3 de tour.

S'il vous faut faire 2 tours et parcourir 5 intervalles pour arriver à la feuille exactement au-dessus, c'est que la divergence est de 2/5 de tour...

Vous pouvez maintenant évaluer la divergence chez d'autres arbres, vous savez comment faire. Mais ce n'est pas toujours facile, surtout lorsque les feuilles sont très rapprochées. Et si vous n'aimez pas les fractions, arrêtez-vous là...

Au contraire, si elles vous intéressent, vous allez découvrir une chose stupéfiante! Les divergences les plus fréquentes qu'on observe chez diverses plantes se traduisent par les fractions 1/2, 1/3, 2/5, 3/8, 5/13, 8/21 de tour.

Il se trouve que le numérateur de chaque fraction est la somme des numérateurs des deux précédentes, le dénominateur étant, lui, la somme des dénominateurs... Ainsi :

$$2/5, \text{ c'est } \frac{1+1}{2+3},$$
$$3/8, \text{ c'est } \frac{1+2}{3+5},$$
$$5/13, \text{ c'est } \frac{2+3}{5+8}$$

et ainsi de suite. N'est-ce pas extraordinaire? Qui a imaginé cette arithmétique des rameaux? Voilà un mystère de plus, que vous ne soupçonniez sans doute pas...

UN BEL ET BON BÂTON

Votre équipement d'explorateur forestier comportera un bon et solide bâton de marche. Mais, plus qu'à marcher, il vous aidera à tâter le terrain, à écarter des ronces gênantes dans le sentier, à remuer un tas de feuilles tombées, à explorer les herbes et la mousse, à atteindre une branche hors de portée de votre main... Toutes ces utilités lui méritent la qualification de bon bâton. Il sera bon aussi par sa qualité : résistant, pas trop lourd cependant, de grosseur adaptée à ses utilisations. Il peut aussi être beau...

Vous pouvez l'écorcer lambeau par lambeau si vous trouvez son écorce trop terne et rugueuse. Il sera alors blanc et lisse, et un coup de papier de verre atténuera les bosses qu'y laissent les petits rameaux dont vous l'aurez débarrassé. Un bon conseil : arrondissez au couteau ou à la lime l'extrémité où s'appuie votre main, il sera plus agréable à tenir.

Vous pourrez aussi, à l'aide d'un tison ou d'un fer rouge, marquer votre bâton de mouchetures qui se détacheront en brun-noir sur le blanc du bois. Ou encore, sans l'écorcer entièrement, on peut n'enlever qu'une bande d'écorce en spirale d'un bout à l'autre, ou la découper en mosaïque, c'est décoratif et facile à réaliser. Les bâtons de noisetier, les rejets de châtaignier s'y prêtent bien.

Peut-être aurez-vous la chance de trouver un rameau torsadé par un chèvrefeuille qui l'a si fortement enlacé qu'il fait corps avec lui : occasion de vous offrir une canne qui rappelle les gourdins spiralés des Incroyables de l'époque du Directoire.

Si le bâton provient d'un rejet pris sur une souche, la base qui deviendra son pommeau sera probablement un peu renflée ; profitez-en pour essayer d'y sculpter une boule, un champignon, une tête...

Si vous avez choisi le bâton au départ d'une fourche, la partie de celle-ci que vous ne couperez pas à ras deviendra poignée de la canne et vous pourrez transformer cette poignée en tête à long nez, en tête d'oiseau à long bec. Elle formera d'ailleurs un crochet fort utile pour attirer à vous une branche éloignée que vous voulez examiner de près.

Il est recommandé de munir le bâton d'une dragonne : simple cordon, solide ficelle en boucle, ou lanière de cuir. Passée au poignet, elle libère vos mains sans que vous lâchiez le bâton. Vous la fixerez à la tête ou près de la poignée, soit en perçant dans le bâton un trou par où elle passera, soit en la ligaturant autour du bâton, de préférence dans une gorge que votre couteau y aura aménagée.

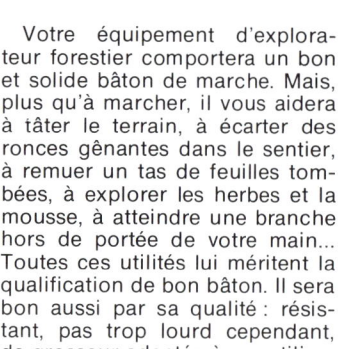

MONTEZ VOTRE PRESSE

Pour assurer vos collages de documents ou le séchage de vos plantes, vous pourriez vous contenter, comme on le fait souvent, de les placer sous un carton ou une planche supportant des objets lourds. Mais ce n'est pas pratique pour les manipulations et les contrôles, et cela tient de la place.

Préparez deux planches, bien planes, de même taille : 40 à 50 cm de long, 30 à 40 cm de large. Deux vieilles planches à dessin de 50 x 35 cm, hors d'usage, fissurées et criblées de trous de punaises peuvent faire l'affaire.

Garnissez-les sur une face d'un léger matelas de papier journal qui donnera, à la pression, la souplesse et la régularité nécessaires. Couvrez ce matelas d'une feuille résistante (solide papier d'emballage, kraft, Canson...) bien tendue, rabattue et collée (scotch, kraft gommé) sur les bords de la face non recouverte.

Les deux planches ainsi garnies sont appliquées l'une contre l'autre (papier contre papier) et maintenues assemblées par deux petits serre-joints que vous trouverez dans un bazar ou chez un quincaillier. Vous pourrez ainsi maintenir jusqu'à 8 ou 10 épaisseurs de papier sans déformation. Ne forcez pas le serrage : le centre bomberait, la pression serait irrégulière.

Vous pouvez ensuite placer votre presse debout dans un coin de l'atelier : elle ne vous encombrera pas.

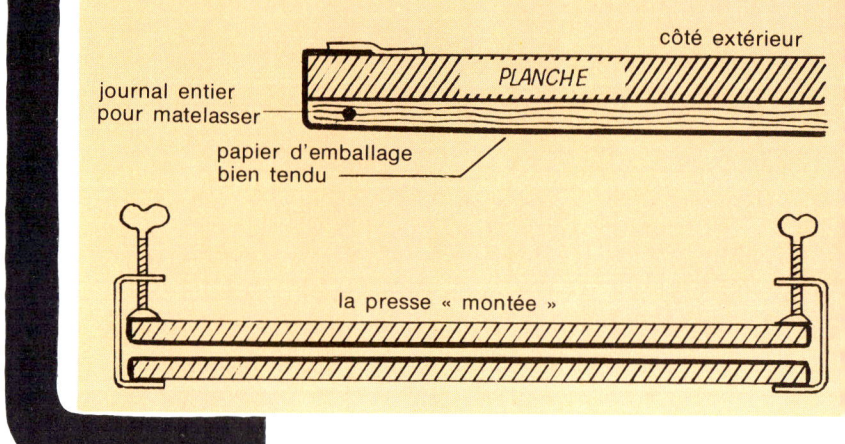

et chez les mammifères...

Beaucoup de mammifères se reproduisent aussi au printemps. Les Lapins de garenne, par exemple, s'apparient de février à mai. Ils sont très prolifiques : 3 à 6 portées par an, de chacune 3 à 7 petits... qui se reproduisent dès l'âge d'un an ! Comme l'on dit volontiers que dix lapins mangent autant que deux moutons, on comprend que, s'ils sont trop abondants, ils risquent de détruire rejets et jeunes pousses, de brouter trop de bourgeons d'arbustes bas et de ronger des écorces, menaçant ainsi la régénération naturelle de certaines forêts. Ce sont les Renards et les oiseaux de proie qui limitent leurs populations. Mais la terrible épidémie de *myxomatose* en 1952, les a décimés et depuis, les Lapins ne représentent plus le même danger pour l'agriculture.

Ces animaux vivent en colonies hiérarchisées. Le territoire du mâle, avec sa suite de 6 à 7 femelles, est d'autant plus large qu'il est lui-même plus vigoureux et a chassé de sa zone les jeunes et les plus faibles.

A l'approche de la nuit, les Lièvres sortent aussi du bois pour se nourrir dans les clairières et les champs voisins. Plus grands que les Garennes et avec des oreilles plus longues, très caractéristiques, souvent à pointe noire, les Lièvres ne s'entendent nullement avec leurs voisins, les Lapins, qui les chassent de leur petit domaine vital (100 à 500 m à la ronde).

Le grand événement du printemps, chez les mammifères, c'est la naissance des faons, ceux des Chevrettes au début de mai, ceux des Biches trois ou quatre semaines plus tard (p. 40)...

Mais voici qu'à la lisière des bois apparaît un élégant Renard, suivi de ses renardeaux qui, pour la première fois au début de mai, montrent leur frimousse aux sorties du terrier. A présent ils jouent, gracieux, amusants comme de petits jouets en peluche. Fin matois, leur père continue sa promenade, frôlant un arbre du panache de sa queue, sans lever la tête.

Tout à coup, il se met en affût sur une taupinière. Il a peut-être entendu travailler dans sa galerie la Taupe mineuse, dont la progression se marque à la surface par la bosse de terre soulevée à son passage. Renard se dresse sur ses pattes de derrière, les oreilles pointées. Un saut de carpe, trois coups de griffe et voici le chasseur avec une Taupe en travers de la gueule. Il quitte le sentier pour manger à l'abri du

Lapins et Lièvres ont une course caractéristique. Le danger les fait bondir et ils fuient, les longues pattes arrière ramenées vers l'avant dans un repli spectaculaire.

Ce Lièvre brun, longues oreilles dressées, est-il en faction ou, pour un instant, au repos à quelque distance de son gîte ?

La détente de ses puissantes pattes de derrière permet à l'Écureuil de faire d'un arbre à l'autre des bonds de plusieurs mètres, tout en dirigeant leur trajectoire au moyen de sa longue queue... Pourvu qu'une Martre affamée, l'ennemi spécifique, ne vienne pas interrompre tragiquement les jeux!

bois. S'il est destructeur de ce qui niche à terre, Faisans, Perdreaux des bordures, il est aussi grand chasseur de Souris, Mulots et Taupes.

L'Écureuil, si preste et si gai, est bien réveillé depuis plusieurs semaines de son sommeil hivernal. Il essaie de faire face à ses ennemis ou plutôt de les fuir par la rapidité de sa course. Il échappe ainsi même à l'homme assez sot et assez cruel pour le capturer et l'emprisonner, alors que son bonheur est de vivre dans les arbres.

Pourrait-on penser que ce délicieux Renardeau puisse un jour transmettre la rage? Vous savez qu'au cours de ces dernières années, on a enregistré une augmentation des cas de cette maladie, sans que toutefois il y ait eu atteinte grave chez l'homme. On ne peut nier que le Renard soit un agent de transmission de la rage, mais on oublie peut-être un peu trop qu'il n'est pas le seul. En le détruisant méthodiquement, ne va-t-on pas arriver à menacer la santé de la forêt puisque la principale fonction du Renard est de détruire les bêtes malades?

Pas de comparaison pour le prix de beauté entre cette jolie bête aérienne et le gros Putois, brun et malodorant, que vous verrez peut-être au sortir du terrier d'un Lapin qu'il vient de visiter et où il a saigné à mort un des petits resté au nid ! Faisant le gros dos, il se hâte car il regagne habituellement son gîte avant le jour ; il habite un trou au sol, souvent sous un Hêtre. C'est le genre de carnassier qu'on ne surprend qu'à l'affût.

Ondulante, rapide comme une flèche, voici une Belette. Sa taille dépasse rarement 20 cm, queue comprise... Elle traverse le sentier et, choisissant bien son terrain, elle emprunte une coulée de Lapins pour ne pas mouiller ses pattes et la fine fourrure blanc jaunâtre de son ventre qui touche presque terre. Elle a vite fait de se dissimuler dans un trou. Elle a plusieurs abris sous les racines des arbres, dont l'un est réservé pour mettre au monde, au mois de mai, ses 3 à 7 petits. Ce n'est pas un spectacle rare de l'apercevoir, suivie de sa marmaille de la taille de petites souris, traversant la route forestière à la queue leu leu. La courte queue de la Belette n'a pas le bout noir, mais brun comme le reste du manteau.

C'est ce qui la distingue de l'Hermine, sa cousine, dont la fourrure de printemps et d'été est du même brun. Mais l'extrémité de sa queue est toujours noire, même l'hiver quand l'Hermine devient toute blanche. On la rencontre surtout dans les parties humides des forêts du Nord et de l'Est, dans les zones découvertes et broussailleuses.

Vous ne verrez que très fortuitement trois jolis rongeurs sortis de leur sommeil d'hiver et qui circulent de préférence la nuit : le Muscardin, le Lérot et le Loir.

Le doux Muscardin se tient dans les fourrés et les taillis ; il grimpe très bien ; on assure qu'il peut se pendre par les pattes de derrière aux brindilles les plus fines et grimper le dos vers le sol. A l'époque de la reproduction (2 portées par an, de 2 à 7 petits chacune), il se construit sur une fourche de buisson serré, quelquefois à plus d'un mètre de hauteur, un nid sphérique fait d'herbes et de feuilles collées avec sa salive.

Le Lérot, aux yeux cerclés de noir, est aussi un bon grimpeur qui peut bien construire son nid tout seul, mais trouve souvent plus pratique de l'aménager dans les nids qu'abandonnent les Écureuils et certains oiseaux. Il s'y installe d'ailleurs un petit toit de mousse et d'herbes...

La belle fourrure du Putois en a fait, hélas, la victime des piégeurs au profit des élégantes.

Amusants, ce Loir, et, au-dessous, ce Muscardin, chacun dans son trou d'arbre ! Le dernier est végétarien mais le Loir, omnivore, ne recule pas devant le pillage d'un nid.

Chevrettes, Biches et Faons

Une sorte de « brosse » portée aux pattes de derrière et en liaison avec les glandes de la peau permet au Chevreuil de marquer son territoire. Sa sœur, la Chevrette, laisse ici bien voir la tache claire du « miroir » encerclant l'arrière-train.

Les Chevreuils sont surtout répandus dans les grands bois entrecoupés de prairies. Début mai, après une longue portée de neuf mois et demi, la Chevrette, femelle du Chevreuil, s'isole parmi les ronces et les fougères dans la partie dense de la forêt. Là viennent au monde deux jumeaux, toujours mâle et femelle, les faons. Ils conservent ce nom jusqu'à l'âge de six mois où on les baptise « chevrillards »; ils perdent alors les taches blanches de leur robe enfantine.

A peine âgés d'une heure, nettoyés avec amour par la langue de leur mère, ils tentent déjà de se dresser sur leurs pattes. A leur naissance, ils ne pèsent guère qu'un kilo, poids qu'ils triplent en une semaine, au bout de laquelle ils savourent leur première feuille; à trois semaines ils sont capables de ruminer.

Les faons restent tapis dans la végétation; les taches claires de leur dos leur permettent de se mieux confondre avec les teintes du milieu. La Chevrette qui a choisi le creux où les bien camoufler les rejoint pour les allaiter; elle surveille d'ailleurs ses petits avec grande vigilance. Elle les avertit d'un danger possible en frappant le sol du sabot ou par un sifflement d'alarme.

La Chevrette défend bien sa portée et, au besoin, attaque à coups de ses sabots antérieurs les Renards, les Putois, les Martres, les Belettes et les Chats harets.

Ne touchez jamais un petit mammifère (faon ou jeune d'une autre espèce) apparemment abandonné, car la mère, qui l'a seulement laissé dans une cachette dont il a pu s'éloigner quelque peu, le délaissera certainement si vous l'avez touché et il aura toutes les chances de périr douloureusement. Vous pouvez le regarder, le photographier, mais pas le caresser...

A deux mois, les faons suivent leur mère et la famille rejoint parfois un congénère. Ce peut être un mâle, bien que les « brocards » vivent habituellement en solitaires. (Le nom de brocards vient de « broches », ces petits « bois », comme on appelle les cornes des cervidés, qui apparaissent sur leur front vers un an.)

Les petits groupes qui se forment sont très variables, mais de toute façon les jeunes ne quittent pas leur mère avant la naissance des frère et sœur du printemps suivant.

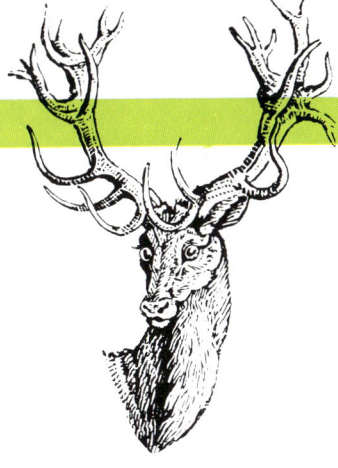

Le comportement du Chevreuil est très influencé par son émotivité et par une grande curiosité que sa vue médiocre ne lui permet pas de satisfaire facilement. Si vous êtes immobile en regardant d'un peu loin un Chevreuil brouter aux lisières — et si le vent ne porte pas votre odeur — il vous approchera, mais s'arrêtera dès que la peur de l'inconnu sera plus forte que sa curiosité. Et si vous bougez un doigt, psitt!

Très routinier, il occupe toujours les mêmes endroits aux mêmes heures et ses déplacements sont de l'ordre de un ou deux kilomètres. Vous l'observerez surtout à l'aube et au crépuscule mais, au sortir de l'hiver, vous pourrez le voir en pleine journée. A cette époque sa robe est devenue une pelisse laineuse, épaisse, agrémentée de gris et de brun. Sous la gorge il porte, en toutes saisons, une tache de poils jaunâtres, la « serviette »; une autre tache jaune encercle l'arrière-train, le « miroir ». Cette tache devient blanche comme neige avec les froids. Si l'animal est très inquiet ou effrayé les poils du miroir se hérissent et donnent l'impression que la tache double de surface.

Après une grosse averse, quelle que soit l'heure, le Chevreuil sort des bois pour aller se sécher dans les prés.

Les hardes de Biches sont distinctes de celles des Cerfs mâles durant une grande partie de l'année car, après l'entr'aide de l'hiver, les mâles, en février, s'éloignent de nouveau.

Au printemps, la Biche, femelle du Cerf, connaît aussi les joies et les soucis de la maternité. Mais, au cœur de la forêt, elle ne met au monde qu'un seul faon, au poil roux doré, semé de taches de couleur crème sur tout le dos; le ventre est beige clair.

Agé de quelques semaines, le faon du Cerf se joint à d'autres jeunes. Ils forment de joyeuses bandes ayant des territoires de jeux où, chaque soir, ils gambadent et s'amusent. Le jour tombé, tous les jeunes retournent dormir au sein de la harde reconstituée après que chaque femelle se soit isolée pour mettre bas son faon et l'élever seule les premières semaines. En juillet, les mères se réunissent de nouveau et une femelle âgée, qui ne peut plus reproduire (on la dit « bréhaigne ») commande le groupe. Les bêtes qui lui obéissent ont confiance en sa sagesse. C'est elle qui, le soir, conduit la harde pâturer, elle décide des itinéraires, de l'heure de retour et du repos...

Dès le premier été, il se forme, entre les oreilles du faon mâle, deux petites bosses qui font partie de l'os frontal. Pour son premier anniversaire, on le dit « hère » et, de ces bosses, émergent sous le poil les pointes discrètes des bois. La jeune Biche, elle, se distingue par ses lignes élégantes, son encolure longue et fragile.

Si, bien caché, vous êtes à l'affût pour admirer la Biche et son faon, un instinct affiné prévient, au bout d'un instant, la grande Biche sauvage de votre présence : d'un grognement étouffé elle donne au jeune le signal de leur fuite commune sous le couvert des bois épais...

Sur un ordre de sa mère, obligée de s'éloigner, le faon nouveau-né que la biche a caché dans le buisson, se couche en boule, museau entre les cuisses, retenant son souffle jusqu'au signal de la fin du danger.

Ce Cerf rouge de nos forêts est dit « en velours »; ses bois repoussent, couverts d'une peau fine dont il se débarrassera en les frottant contre des baliveaux.

l'Été

La Digitale pourprée atteint jusqu'à 1,50 m. Ses fleurs pendantes donnant des capsules bourrées de graines, elle a vite fait de coloniser un canton que l'on déboise.

L'été est une saison d'apparente quiétude dans les bois. Avec la chaleur de juillet, la forêt connaît la torpeur des midis. Le Coucou a cessé ses appels. Le temps des nids est terminé. Dans la journée, les oiseaux se taisent; ils ne chantent plus guère qu'à l'aube en reprenant leurs activités journalières, ou encore au crépuscule.

L'énergie solaire est à son maximum et, par toutes les feuilles, dans la gamme de tous les verts, les arbres l'absorbent. Ils produisent du bois, accumulent des réserves, préparent leurs fruits.

Les « essences d'ombre » remplacent les précoces plantes à fleurs du Printemps. Celles que l'on voit partout, ce sont les Fougères. Ne vous est-il pas arrivé de perdre l'équilibre quand vous tiriez de toutes vos forces pour arracher une fronde — c'est ainsi que l'on appelle la belle feuille dentée de la Fougère-aigle? Elle est parfois plus grande que vous, bien envahissante et ancrée profondément dans le sol.

le tapis de végétation

Vous avez admiré au printemps les fleurs amies du soleil ; en été vous trouverez celles qui ne se portent bien qu'à l'ombre et fleurissent dans le sous-bois. Presque sous la Fougère-aigle, se redresse la Potentille tormentille. Peu exigeante, elle pousse partout, examinons-la !

Quatre pétales jaunes qui réfléchissent, dit-on, les rayons ultra-violets, ce qui attire les Abeilles. Celles-ci, ainsi que les Mouches et les Papillons, trouvent du nectar dans une glande en forme de disque sous les nombreuses étamines de la fleur.

Dans les clairières pousse une autre Potentille, presque rampante celle-ci ; on l'appelle Faux-fraisier parce que ses feuilles ressemblent beaucoup à celles du Fraisier, ainsi que ses fleurs en avril-mai. Mais ses fruits, très secs, qui ont l'apparence de minuscules fraises encore vertes ne grossiront et ne rougiront jamais, impossible de s'y tromper en juin-juillet.

Dans certains endroits humides, la Balsamine des bois fleurit de juin à septembre. Elle aime tellement l'ombre qu'elle se fane au moindre rayon de soleil.

Ses fleurs jaunes, qui ont bien 3 cm, pendent à l'extrémité de grêles pédoncules ; elles sont munies d'un éperon recourbé qui contient du nectar. Outre ses grandes fleurs, elle en porte de plus petites, qui ont la particularité de rester fermées et de contenir des étamines et des pistils arrivant ensemble à maturité. Les organes reproducteurs se pollinisent ainsi sans le secours d'insectes visiteurs. C'est l'autopollinisation, fréquente chez les fleurs de forêt.

Le fruit de la Balsamine est une gousse à 5 valves, contenant des graines noires. Cette gousse, une fois mûre, éclate en enroulant ses valves en tire-bouchon faisant ressort. Les graines sont projetées parfois jusqu'à 4 m, d'où le nom populaire de la fleur : Impatience-Ne-me-touchez-pas... En raison de cette dissémination cette espèce couvre d'assez grandes surfaces.

Vous trouverez plus souvent encore la Balsamine à petites fleurs, dont l'inflorescence se dresse au-dessus des bouquets de feuilles larges. Sa fleur est une miniature de 1 cm. Elle aussi a des fruits explosifs. Mais les Balsamines ne sont pas seules à catapulter ainsi leurs graines. Les Genêts, par exemple, dont les papillons d'or enchantent souvent les lisières, en juillet, portent aussi des gousses qui en font autant.

Les « fleurs de lumière », en été, se trouvent forcément dans les clairières et non dans les sous-bois. De mai à septembre, selon les régions, et en principe

La Potentille tormentille a 4 pétales jaunes. Ses étamines sont très nombreuses : ce n'est pas une crucifère, mais une rosacée.

Bourdons et Abeilles se chargent de polliniser les grandes fleurs pendantes de la Balsamine des bois alors que les petites n'ont pas besoin de leur aide.

Dans la corolle jaune du Genêt à balais le style, enroulé en ressort, dépasse la carène... Le pétale supérieur se nomme étendard.

jusqu'à 5 ou 600 m d'altitude, les fleurs en doigtier de la Digitale pourprée ne peuvent passer inaperçues ; d'autant plus que ses feuilles, au dessous blanc velouté, sont aussi très décoratives. N'y goûtez surtout pas, toutes ses parties sont toxiques.

La Digitale pourprée est souvent accompagnée de l'Epilobe à feuilles étroites, parfois nommé « Laurier de St Antoine ». Les longues grappes dressées de cette plante vivace sont d'un rouge vineux et se voient de loin, de juillet à août. Les fruits, en capsules étroites, libèrent de nombreuses graines surmontées d'une longue aigrette blanche. Les graines s'envolent une à une, au gré du vent... La souche porte en outre plusieurs bourgeons qui vont donner de nouvelles tiges ; il y aura bientôt un magnifique parterre d'Epilobes... Tant que les arbres de la clairière n'auront pas repoussé et fait de l'ombre, il subsistera.

Une Flore (p. 98) vous permettra d'identifier bien d'autres espèces qui fleurissent jusqu'en septembre : Verge d'or, Lamiers, Epiaire, Compagnon-rouge et Compagnon-blanc, et le Géranium sauvage, velu, à bec de Grue, qui sent si fort...

Les feuilles aiguës, minces, molles, veinées en dessous du Laurier de Saint-Antoine lui valent le nom d'Epilobe à feuilles étroites.

de la Fleur au Fruit...

Les plantes à fleurs ne donnent de fruits qu'après avoir été fécondées.

Les grains de *pollen* qui sortent des sacs des étamines dès qu'ils sont mûrs sont des cellules mâles. Ils doivent rejoindre les cellules femelles, les *ovules* (« petits œufs ») qui sont les futures graines, pour que la fécondation s'accomplisse.

Ces ovules sont enfermés dans un ovaire qui forme le pistil de la fleur. Le grain de pollen, retenu par l'extrémité gluante (stigmate) du pistil, y germe et pousse dans ce pistil un tube pollinique qui atteint un ovule et le féconde. Alors le pistil se met à grossir : il sera le fruit, tandis que l'ovule ou les ovules qu'il renferme deviendront les graines.

Le transport du pollen se fait parfois aisément à cause de la proximité des étamines et des stigmates, sur lesquels tombe le pollen. Mais souvent des difficultés apparaissent. C'est peut-être l'éloignement des étamines et des pistils, surtout quand la plante a des fleurs seulement mâles et d'autres seulement femelles (c'est le cas de beaucoup d'arbres), parfois même sur des pieds différents. C'est souvent le fait que les éléments mâles et femelles ne sont pas mûrs en même temps sur la même plante qui exige le transport du pollen mûr sur des ovaires éloignés qui ont déjà atteint leur maturité.

Les insectes visiteurs des fleurs effectuent à leur insu ce transport des grains qui s'accrochent à leur corps. Le vent s'en charge aussi, et vous pouvez voir au printemps de vrais « brouillards » de pollen qui s'échappent des arbres, si abondants que, malgré toutes ces difficultés et tous les grains perdus, la pollinisation est quand même assurée. N'est-ce pas merveilleux, cette organisation naturelle qui assure la reproduction des espèces ?

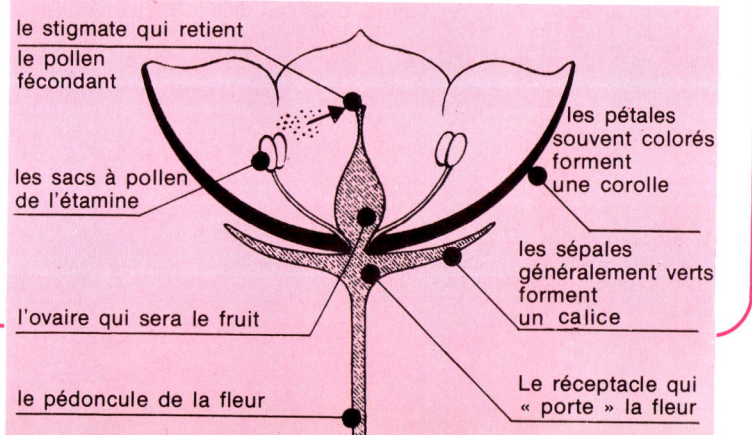

Que de sources d'inventions fantaisistes nous offre le bois! Vous récolterez des fruits (glands, marrons, pommes de résineux, samares, cynorrhodons...), des graines, des brindilles, des racines enchevêtrées...

Vous allez maintenant en tirer parti. Le matériel nécessaire est peu compliqué : un bon canif, de petits ciseaux, un sécateur pour les branchettes un peu dures, des brucelles ou une pince à épiler pour saisir les parties trop menues, une petite lime (pas indispensable) et de la colle à séchage rapide.

Souvent c'est la forme étrange des tiges et racines de la Bruyère et de leurs ramifications, tordues en tous sens au hasard des obstacles que leur croissance a rencontrés, qui éveillera votre imagination. Aidés alors par votre canif adroit, vous en tirerez à peu de peine personnages ou bêtes souvent drôles. Ils trouveront place sur une étagère, dans une vitrine, et vous feront sourire au souvenir des bons moments où vous les aurez fait naître.

au hasard des trouvailles

Le danseur est fait d'une tige naturellement repliée sur elle-même et tendant deux rameaux latéraux incurvés. Seule la jambe levée est un élément rapporté, fourche dont une des deux branches, coupée court et légèrement retaillée, a donné le pied.

Le chien en arrêt est une racine trouvée telle quelle et tout juste un peu taillée aux deux bouts. Il a suffi de deux samares pour faire ses oreilles pendantes, et de deux graines brillantes de myosotis pour lui donner les yeux qui l'animent.

Avouez qu'on peut s'amuser à peu de frais!

La tête du bonhomme en bois est un gland, la cupule demeurée fait une calotte originale. Des graines de genêt et une graine de pin, placées sur une gouttelette de colle, font les yeux et le nez. Un gland avorté, au bout de son pédoncule, est devenu la pipe.

Le corps, ici, est une pomme de cyprès; ce pourrait aussi bien être un marron, une petite pomme de pin à sa première année de formation... Bras et jambes sont trouvés dans des fourches de branchettes, dans des rameaux tordus ou coudés. La Bruyère, en particulier, fournit en masse de ces fins rameaux fourchus, évocateurs de mouvements divers. Faites-en ample provision, vous y découvrirez des possibilités sans nombre.

Avec une vrille ou un poinçon, faites des trous aux bons endroits du gland (pour le cou) et dans le fruit qui sert de corps. Les éléments de cou, bras, jambes, taillés en pointe, sont introduits dans ces trous avec un peu de colle et tournés dans la position que vous voulez leur donner.

Les pieds du bonhomme, ici, sont deux samares d'érable et ses mains, très fines, sont tirées d'une ombelle de Berce bien sèche, taillée à l'aide de ciseaux. La colle fait le reste.

Assis sur un morceau de branche morte couverte de lichens, notre homme n'a-t-il pas l'air d'un paisible promeneur au repos sur un tronc abattu?

de Fronde en Crosse

On trouve en France une quarantaine d'espèces de Fougères. Ces belles plantes sans fleurs méritent que vous les connaissiez.

Contrairement à la plupart des végétaux, les Fougères portent leurs feuilles sur une tige rampante et le plus souvent souterraine, le rhizome. Celui-ci bourgeonne et donne, selon les espèces, soit une feuille (on dit fronde) unique, soit un bouquet en forme de couronne. Sous chaque bourgeon se développe un petit groupe de racines, solidement ancrées et qui nourrissent la plante.

L'envers des feuilles porte les semences, amassées en minuscules boutons verts qui, en mûrissant, deviennent de petits coussins brunâtres, contenant les sporanges, porteurs des semences, les spores.

1 *Fougère aigle*
2 *Fougère femelle*
3 *Fougère mâle*
4 *Polypode*
5 *Scolopendre*
6 *Examen d'une crosse*

DANS LES CLAIRIÈRES

Apprenez à distinguer la Fougère-aigle (ou Grande Fougère), la Fougère mâle, la Fougère femelle et le Polypode :

La Fougère-aigle est la seule à porter des rameaux, sur plusieurs étages. Vous penserez que ce simili-« arbuste » — qui peut tout de même atteindre 2 m et plus — comporte une tige et des branches? Eh bien non, c'est une seule fronde qui est découpée ainsi.

La Fougère mâle ne se distingue pas de la Fougère femelle pour une question de reproduction; ce sont des espèces différentes. Les dents de la fronde de la première, plus larges, non pointues, s'insèrent par toute leur base sur la nervure médiane. La Fougère femelle, plus découpée, plus gracieuse, forme avec ses frondes des entonnoirs bien fournis, qui naissent en cercle sur la souche verticale.

Le Polypode ou Réglisse des bois est bien plus petit; vous le trouverez sur les troncs pourris, les talus moussus. Vous reconnaîtrez ses frondes à leurs languettes non découpées, plus ou moins ondulées, à bords unis mais parcourues cependant par des vaisseaux. Son nom vous aura peut-être alléchés, mais ses frondes ne sont pas bonnes à sucer! C'est le rhizome, aux propriétés édulcorantes qu'on utilisait en pharmacie contre la toux.

Une autre Fougère, la Scolopendre, appelée parfois « Langue de Cerf » possède des frondes non découpées, aux contours ondulés. Elle est très décorative : les amateurs en ont prélevé beaucoup trop de pieds, de sorte qu'elle se raréfie en certaines régions.

La Nature a doté les Fougères d'un raffinement qui leur permet de se féconder sans fleurs. Chaque semence est portée dans un petit sac muni d'un arceau. Lorsqu'il fait sec, l'arceau se contracte et, hop! libère les spores.

Tombées à terre, beaucoup germent. Il en sort une petite pousse verte, munie de poils absorbants : un prothalle. A la face inférieure, de minuscules sacs contiennent des cellules mâles, et des sortes de gourdes contiennent chacune une grosse cellule femelle. A l'humidité, les cellules mâles, munies de longs cils sortent et nagent dans l'eau de pluie accumulée sous le prothalle, à la rencontre d'une cellule femelle. De leur union résulte un œuf qui va donner la crosse bien enroulée d'une nouvelle Fougère.

Potentille rampante ou faux fraisier

Géranium Herbe à Robert

Fraisier des bois

Compagnon blanc

47

priorité aux insectes

Galle ronde du Chêne causée par de minuscules Cynips.

Deux larves mineuses ont tracé leurs galeries dans cette feuille de Ronce. Mince à l'entrée, la mine s'est élargie jusqu'à la sortie de la larve qui grossit en mangeant le limbe de la feuille.

L'été, en forêt, c'est le règne des insectes. Vous trouvez sans doute bien gênants Mouches, Taons et Moustiques qui vous environnent et parfois vous harcèlent. Mais ces insupportables diptères ne sont peut-être pas les plus nombreux insectes en forêt. Des millions de mandibules rongent les feuilles, taraudent le bois... Les insectes représentent 80 % des espèces animales de la forêt ! Et savez-vous, par exemple, que plus de 60 espèces principales d'insectes exploitent le Chêne depuis ses racines jusqu'à ses fleurs ?... Pas question, bien sûr, de dresser l'inventaire de cette multitude.

Les bois les plus infestés par les Moustiques sont ceux dont le sol argileux permet la formation de flaques et de petites mares sur les chemins. C'est là que surabondent les pontes et les larves de plusieurs espèces dont les adultes vous découragent d'avril à novembre.

Les Grenouilles et Tritons des ruisseaux forestiers font bonne chère de ces larves; Demoiselles et Libellules happent les Moustiques en vol comme font les Hirondelles, mais l'engeance est prolifique et des savants essaient de mettre au point des procédés de lutte biologique pour les limiter.

Parmi les prédateurs, l'un des plus utiles est la Fourmi rousse, qui attaque nombre de parasites ravageurs; aussi a-t-on décidé d'en implanter des colonies dans les bois qui manquent de fourmilières.

Les insectes que vous pouvez observer se nourrissent pour la plupart de feuilles ou de la partie vivante de l'écorce et du bois. Ce sont des consommateurs effrénés car, généralement, ils ne peuvent digérer la cellulose et, pour être nourris normalement, ils sont obligés d'absorber de grandes quantités de matière végétale.

De juin à août, un petit Papillon d'un vert tendre, de 2,5 cm environ d'envergure, est très commun dans les bois de Chênes. C'est la Tordeuse du Chêne. Certaines années, cet insecte pullule : des multitudes de ses chenilles dévorent les feuilles de Chêne. Elles se laissent descendre lentement, suspendues à un fil. Puis elles fabriquent leur cocon de métamorphose. La chenille enroule une feuille en tendant des fils de soie d'un bord à l'autre de la face supérieure. En séchant, la soie se rétrécit et commence l'enroulement que la chenille achève en tendant successivement des fils de plus en plus courts.

Et ces dessins irréguliers sur la face supérieure ou inférieure des feuilles, que révèlent-ils? C'est la trace de l'activité des chenilles mineuses. Des Papillons minuscules pondent leurs œufs dans l'épaisseur de la feuille. Les petites chenilles aplaties qui en sortent commencent, en se nourrissant, à creuser une galerie à l'intérieur du tissu foliaire.

Une Punaise des bois absorbe les tissus d'une Chrysomèle mangeuse de feuilles qu'elle vient de transpercer.

Les galles attirent souvent votre attention au cours de vos promenades. Ce sont des excroissances végétales provoquées par la piqûre de certains insectes. Examinez les rameaux et les jeunes pousses d'un Peuplier. Ils présentent souvent une excroissance en forme de fuseau qui peut avoir jusqu'à 2 ou 2,5 cm de long; plusieurs galles peuvent se trouver sur la même branche. Elles sont dues à la présence, dans la tige, de la larve de la Saperde du Peuplier. L'insecte adulte qui se tient sur les rameaux en mai et juin est un petit coléoptère (1 à 1,5 cm) de la famille du Capricorne. Sa larve vit deux ans.

En soulevant l'écorce d'un tronc abattu quand elle paraît un peu détachée du bois, vous verrez souvent les galeries plus ou moins en étoile des Bostryches ou d'autres Scolytes. Un résineux vivant, attaqué par ces insectes, commence à jaunir et à sécher par la cime parce que les galeries multiples creusées dans la couche vivante de l'écorce et du liber coupent la circulation de la sève. 38 espèces différentes de Scolytes préfèrent nos Sapins, 54 nos Pins et 35 nos Épicéas!

D'autres larves, comme celles des Capricornes et des Cossus Gâte-bois, font des ravages; mais, heureusement, la forêt abrite aussi leurs prédateurs. Arrêtons-nous un peu auprès des insectes auxiliaires des sylviculteurs.

La Saperde du Peuplier — ici grossie à peu près deux fois — cause de graves dégâts comme vous pouvez le constater sur la photo ci-dessus. La femelle affectionne les jeunes arbres en pleine sève pour déposer ses œufs sous l'écorce.

Les feuilles de Hêtre portent souvent au long des nervures principales de petites galles fuselées dues à des pucerons.

Voici un magnifique coléoptère à tête et thorax noirs avec des reflets métalliques bleus et violets. Ses élytres s'illuminent de vert, de jaune, de rouge, selon l'angle d'arrivée de la lumière. C'est le Calosome sycophante. Il pond dans la terre et sa larve, sitôt éclose, grimpe au sommet des arbres faire des ravages parmi... les Chenilles processionnaires. Elle vit parfois dans leur nid jusqu'au moment de retourner au sol pour s'y enterrer et s'y transformer en nymphe.

L'insecte adulte, non seulement dévore les chenilles, mais encore en blesse à mort nombre d'autres à coups de mandibules. A la fin de l'été, leur nourriture se raréfiant, les Calosomes se mettent en état de vie ralentie puis ils descendent des arbres pour passer l'hiver enfouis sous terre.

Le Grand Capricorne est un beau Scarabée dont les antennes peuvent atteindre 8 cm et que vous pourrez peut-être rechercher, en juillet, sur les vieux chênes en partie vermoulus.

N'écrasez pas cet ami ! En 1954, les chenilles d'un Papillon, le Bombyx disparate, effeuillèrent près de 20 000 hectares de forêts de chênes-lièges en Corse, et ce sont les Calosomes sycophantes, amenés en quantité à pied d'œuvre par les chercheurs de l'INRA qui, en trois semaines, débarrassèrent complètement les forêts de leurs ravageurs.

Aussi utiles pour l'équilibre biologique naturel sont les Cicindèles. La Cicindèle sylvicole porte toujours sur ses élytres brun sombre aux beaux reflets des taches d'un blanc jaunâtre très mat. Ses pattes, légèrement poilues, sont teintées de rouge violacé. La tête est surmontée de deux yeux noirs, au-dessus de deux mandibules recourbées.

C'est aux endroits sableux et très ensoleillés que vous la verrez, donc de préférence dans les chemins des forêts de conifères et les bois des dunes. Elle chasse au sol mais capture aussi des proies en vol. Et sa larve est terrible. Sortie de l'œuf pondu dans le sol, elle creuse un terrier vertical profond de 40 à 50 cm. Deux crochets, à la face dorsale du cinquième segment de son corps, l'aident à s'ancrer dans son terrier et ses pattes sont très agiles. Sa tête aplatie et hérissée de petits poils raides est très dure, contrairement au reste de son corps. Énorme, elle bouche tout l'orifice de la galerie. Alors, si un insecte avance trop près, il est happé et, sur-le-champ, entraîné au fond du terrier pour y être dévoré...

Le Calosome Sycophante est un grand auxiliaire du sylviculteur, aussi est-il protégé. Les larves et les adultes arriveraient à dévorer une vingtaine de Chenilles processionnaires par semaine.

La très utile Cicindèle sylvicole a des pattes disposées pour la marche. Elle trotte au soleil puis s'envole comme une mouche pour se poser à peu de distance et reprendre la chasse.

oiseaux contre insectes nuisibles

Les insectes nuisibles de nos forêts n'ont pas pour seuls ennemis d'autres insectes. Des oiseaux s'en nourrissent et limitent ainsi leurs populations. L'un des plus efficaces parmi eux est le Hibou moyen-duc, parfaitement adapté au biotope forestier et, par ailleurs, prédateur des Campagnols, Taupes, Musaraignes, voire — quand les rongeurs sont rares — des Étourneaux et des Pinsons (p. 52).

Le Faucon crécerelle *(34 cm pour 75 d'envergure) sédentaire ou migrateur partiel, reconquiert peu à peu sa place en France où il avait été tellement détruit. La tête et la queue sont grises chez le mâle.*

*L'*Autour *(50 cm pour 1 m d'envergure) niche très haut en forêt et souvent plus loin des lisières que la Buse variable. Le territoire d'un couple peut s'étendre sur plus de 3 000 ha.*

La Buse variable *(53 cm et jusqu'à 1,30 m d'envergure) sédentaire ou migratrice partielle, est assez commune en France. Son nom lui vient de ce que son plumage est tantôt très clair, parfois presque blanchâtre chez certains individus, tantôt très foncé.*

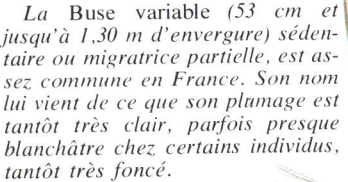

Le Faucon hobereau, *sensiblement de même taille que le Crécerelle, est un migrateur africain qui arrive en avril et part en septembre. Il niche dans un nid de Corneille abandonné qu'il augmente de quelques brindilles.*

*L'*Epervier d'Europe *construit souvent son nid dans un grand Epicéa. La femelle (38 cm) est plus grande que le mâle (28 cm) et pond en mai-juin de 4 à 6 œufs qu'elle couve pendant 5 à 6 semaines.*

Pratiquement tous les Rapaces diurnes de France nichent en forêt dans les plus grands arbres. Mais chaque jour, ils volent aux alentours pour trouver des proies. Le Faucon crécerelle, en volant sur place, observe son terrain de chasse qui s'étend sur 1 km dans les champs avoisinants. La Bondrée apivore déterre au pied des arbres les nids des Guêpes et des Frelons. L'Épervier trouve, dans les forêts de feuillus mêlés de quelques peuplements d'Épicéas et traversées par un ruisseau, le milieu naturel qui lui convient et ne manque pas de gober de gros insectes, bien qu'il préfère rongeurs et oisillons.

Dans les bois clairs, en plaine et en basse montagne (sauf en Corse) vit le Faucon Hobereau dont la silhouette en vol rappelle celle du Martinet. C'est en plein vol, extraordinaire de souplesse, qu'il capture petits passereaux et gros insectes. L'Autour des Palombes, lui-même, si grand chasseur de Geais, de Ramiers et même de vifs Écureuils, sait mettre de gros insectes à son menu.

rapace de l'ombre
le moyen-duc

C'est vraiment l'habitant des bois. Il y chasse de la fin du crépuscule jusqu'à l'aube. Alors, pas de chances de le voir, direz-vous ? C'est sûrement assez difficile, mais vous pourrez du moins vous mettre à sa recherche en essayant de trouver au sol ses « pelotes de réjection ». On appelle ainsi les résidus des proies que les rapaces ne peuvent digérer : poils, plumes, ossements... Ils les rejettent par le bec sous forme de boulettes plus ou moins allongées, quelques heures après la chasse et en plusieurs fois. Vous en trouverez peut-être sous les arbres d'où il guette ses proies. Rapportez-en quelques-unes chez vous où vous les ferez tremper dans une bassine d'eau jusqu'au lendemain. Sur un papier buvard, vous écarterez alors, avec une pince à épiler, les poils qui enrobent la pelote et vous dégagerez les déchets restés à l'intérieur. Lavez les os plusieurs fois, puis laissez-les blanchir quelques heures dans l'eau de Javel très étendue. Rincez sous le robinet et laissez sécher. Vous constaterez, en examinant les ossements, qu'ils appartiennent surtout à des rongeurs et vous aurez ainsi vérifié combien le Moyen-Duc est un précieux chasseur.

Des naturalistes, à travers le monde, ont analysé une grande quantité de ces pelotes et établi que le Moyen-Duc absorbait au moins 4 victimes par nuit. Les rongeurs représentent 90 % des proies consommées, les Campagnols des champs étant la proie de prédilection. Quand les rongeurs surabondent en forêt, ils ont vite fait de dépasser les lisières pour s'attaquer aux cultures. Le meilleur moyen de lutter contre les Campagnols est donc de rétablir, près des grandes étendues cultivées, des zones boisées qui accueilleront leurs prédateurs, Hiboux et Chouettes... Bien des clubs et des groupes de jeunes, amis de la Nature, pourraient participer à ces reboisements.

Le Moyen-Duc ne dédaigne pas Taupes et Musaraignes si elles sont nombreuses. Par un gel dur et persistant qui empêche ses proies préférées de sortir des terriers, il arrive au Hibou de s'attaquer aux Moineaux friquets, aux Étourneaux, voire aux Pinsons. Heureusement ces espèces de passereaux ne sont pas menacées de disparition.

GROS MANGEUR D'INSECTES...

Le Moyen-Duc consomme de grandes quantités d'insectes qui pullulent en forêt. Il dévore force chenilles de Noctuelles lorsque ces papillons abondent, celles des Écailles et surtout celles du Cossus gâte-bois, si nuisible comme l'indique son nom.

Quand il glisse entre les arbres du sous-bois, se dirigeant vers une petite clairière où les proies seront plus faciles à saisir, les longues aigrettes brun noir, au bord roux et blanc qui ornent son front sont rabattues, mais ses admirables yeux brillent comme une flamme orangée, entourés de disques de plumes d'un blanc roussâtre cernés de noir et traversés d'une bande sombre, irrégulière.

Le Moyen-Duc niche partout en France, sauf en Corse, et son territoire forestier s'étend sur plusieurs kilomètres carrés. Bien des Hiboux septentrionaux viennent rejoindre nos sédentaires quand les nuits de leur pays sont par trop froides et chiches de nourriture. L'espèce est donc migratrice partielle.

L'hiver venu, le Moyen-Duc appelle une compagne avec des « hou hou » répétés et les noces n'attendront pas le printemps.

Les anciens nids de Corneilles fournissent un logis tout prêt, ou, à la rigueur, celui qu'a délaissé une Pie ou une Buse. Trois à sept œufs blancs y sont couvés par la femelle que le mâle ravitaille. Quatre semaines après la ponte du premier œuf, les éclosions commencent et s'échelonnent.

Le père chasse toute la nuit et, cependant, il arrive que le dernier-né dépérisse et meure faute d'obtenir un nourrissage égal à celui des aînés bien plus forts et qui le bousculent lors de la becquée...

A l'extrémité d'une ramille de Pin, s'agite un insecte aux ailes couleur d'ardoise qui, soulevées, laissent voir deux autres ailes blanchâtres. C'est un papillon : la Processionnaire du Pin. De très nombreuses femelles de ce papillon pondent en été.

Sur les aiguilles de l'arbre, les Processionnaires disposent leurs 200 à 300 œufs en un petit manchon d'environ 5 cm; puis, à l'aide de fines écailles arrachées de leur abdomen, elles forment un fourreau protecteur bien camouflé parmi les bourgeons de Pin, de même couleur. Peu après la ponte, les adultes meurent.

Au bout d'un mois, les œufs éclosent. Les petites chenilles à grosse tête dure qui en sortent ont un robuste appétit : elles dévorent de leurs fortes mandibules l'épiderme des jeunes aiguilles. En même temps, elles s'installent pour vivre en société. Au bout d'une branche, près de la jointure d'un rameau, tout le groupe tisse la soie que chacune sécrète. Les fils de soie s'entrelacent et, entre brindilles et aiguilles, se tend un réseau léger qui est le premier campement des chenilles. Quand elles auront dévoré les jeunes aiguilles de Pin aux alentours de leur nid, elles établiront plus loin un nouveau camp provisoire. De nouvelle base en nouvelle base, mangeant que la route habituelle des sorties de processions finit par être un véritable ruban de soie blanche.

Entre fin janvier et début mars, les Processionnaires auront encore subi deux mues et atteint environ 4 cm. Lorsque la température de l'aube dépasse 10°, elles organisent un grand départ en colonne. A la tête se place une chenille qui mène la procession vers les parties les plus ensoleillées des environs : les bords des chemins, les clairières...

Si la température baisse au-dessous de 10°, la procession s'arrête et toute la colonie se met en boule en attendant un temps plus chaud. Par contre, au-dessus de 22°, les chenilles cherchent à s'enfouir dès qu'elles rencontrent une anfractuosité de terrain. Si le sol est assez meuble, chacune creuse de son front une logette jusqu'à 5 à 20 cm de profondeur.

Là, chaque Processionnaire se tisse un cocon fibreux dans lequel elle va se transformer en nymphe, puis en papillon. Le sommeil de métamorphose est d'une durée très variable. Des forestiers qui se félicitaient d'avoir détruit toute une population de chenilles processionnaires... se retrouvèrent aux prises avec elles l'année suivante. On sait donc peu de choses sur ce sommeil qui peut parfois

que également à leurs chenilles et ravage leurs nids.

Des guêpes attaquent les papillons des Processionnaires. Les Fourmis rousses en détruisent tant que les Italiens et les Allemands ont transporté des centaines de leurs fourmilières dans les pinèdes infestées.

En France, l'I.N.R.A. continue ses recherches vers d'autres formes de lutte biologique.

processionnaires dans la pinède

de plus en plus, elles muent trois fois.

Après la deuxième mue, les chenilles atteignent presque 2 cm. Des poils recouvrent leur dos par petites touffes. Ils sont urticants et l'animal qui a voulu déguster une chenille n'oubliera pas de sitôt leur brûlure.

Ne touchez pas les Processionnaires ni leurs nids : le contact de leurs poils provoque une forte inflammation.

En octobre, les chenilles établissent, souvent à la flèche même de l'arbre, un nid plus important, bourse ovoïde aux parois épaisses, montrant 4 ou 5 orifices d'accès. Elles y résisteront aux rigueurs de l'hiver.

Lorsque le temps est doux, elles sortent pour dévorer les aiguilles de Pin, rentrant au lever du jour se calfeutrer dans leur abri. Elles ont une bonne technique pour ces sorties. Chaque chenille se relie au nid par un fil de soie qu'elle continue d'allonger pendant le voyage d'aller. Toutes sortent en colonne, chacune touchant de son front l'extrémité du corps de celle qui la précède. La colonne se disloque quand la nourriture est repérée mais les chenilles restent reliées par le fil sécrété, si bien durer des années, mais on sait qu'il faut un mois à la nymphe pour se transformer en insecte adulte parfait. Au soleil de la mi-juillet, les papillons sortent de terre.

Tout de suite, ils cherchent à se reproduire et les femelles fécondées — qui peuvent parcourir des kilomètres — vont pondre à l'extrémité des rameaux de Pins. Le cycle recommence.

Les forestiers pratiquent l'échenillage en automne et brûlent les nids car on a décidé une lutte sans merci contre les Processionnaires dévastatrices des pinèdes.

On s'attache d'abord à favoriser ceux de leurs prédateurs qui sont reconnus comme inoffensifs pour l'homme. L'Ephippiger, espèce de grosse sauterelle, engloutit des quantités d'œufs de Processionnaires.

Une mouche (Villa brunnea), tout en volant, pond des milliers d'œufs juste au-dessus des endroits ensoleillés que recherchent les chenilles pour s'enfouir au printemps... Il sort de ces œufs de minuscules larves qui s'enfoncent dans le sol à la recherche des nymphes de Processionnaires qu'elles vont dévorer. La larve du Calosome sycophante s'atta-

des sociétés organisées dans la forêt

Vous rencontrerez sous bois, et particulièrement sous les résineux, des amas importants de brindilles, d'aiguilles de pins ou de sapins, de débris de feuilles, où vous verrez entrer et sortir de grosses Fourmis : ce sont les fourmilières de la Fourmi rousse.

Le dôme extérieur qui, en toute saison, assure une bonne protection contre l'humidité et le froid, couvre un logis souterrain très étendu, l'ensemble comptant de nombreux étages de chambres et de galeries. Ce dôme, qui reçoit les rayons du soleil sous tous les angles où ils arrivent, emmagasine plus de chaleur que ne le ferait le toit d'un nid au ras du sol. Et cependant, aux jours pluvieux ou froids, les Fourmis adultes transportent les nymphes aux étages inférieurs mieux protégés, pour les remonter ensuite quand il fait beau.

Observez les Fourmis qui sortent et vont parfois à plus de 50 m du nid, au long des pistes qu'elles marquent de leur odeur. Voyez leur affairement dans leurs recherches, et leur comportement quand elles en croisent d'autres. Notez ce que transportent celles qui reviennent au nid. Les unes portent ou traînent des matériaux pour le dôme qui s'accroît sans cesse, ou des nourritures diverses, graines, menus insectes ou fragments d'insectes plus gros découpés par leurs puissantes mandibules. Voyez comme elles s'entraident pour le transport de fardeaux souvent plus lourds qu'elles-mêmes. D'autres ont le jabot plein des sucs nourrissants qu'elles ont pris aux plantes ou aux pucerons qu'elles ont tapotés pour sucer le miellat qu'ils rejettent alors. Elles

La Fourmi fuligineuse exploite les Pucerons.

Fourmi rousse, ci-dessous, très grossie (4 à 8 mm en réalité).

Le Camponote creuse ses cellules dans les troncs d'arbres pourris.

Vous ne manquerez pas de rencontrer, un jour ou l'autre, un Carabe (*Carabus* pour les savants) se déplaçant à toute vitesse sur le sol d'un sentier, ou dérangé par vos recherches sous les écorces d'arbres abattus ou sous les pierres d'un coin humide du bois. Qu'il soit noir ou brillant de reflets métalliques dorés, cuivrés, verts ou violets, regardez-le avec bienveillance : carnassier féroce, c'est un ami des cultures.

Si vous voulez le voir à l'œuvre, capturez-le avec l'intention ferme de le remettre en liberté dès que votre curiosité sera satisfaite. Évitez de le prendre avec les doigts : très vif, il remue beaucoup et vous risqueriez d'abîmer les pattes qui lui permettent ses courses rapides ; combatif et courageux, il essaiera de vous mordre de ses mandibules puissantes. Faites-le pénétrer dans une petite boîte (à pilules..., à allumettes...) où vous l'entendrez s'agiter follement. Logez-le, une fois arrivé chez vous, dans un petit terrarium : bac garni de sable, de terreau, de fragments de feuilles sèches, le tout bien humidifié, et couvert. Car, bien que mauvais volateur, un Carabe s'envole, parfois à la verticale, et vous en seriez pour vos frais d'installation.

Il existe de nombreuses espèces de Carabes. Mais tous se nourrissent d'insectes avec, selon les espèces, une prédilection pour les chenilles, ou les Hannetons, ou les Doryphores... La plupart attaquent aussi les Limaces et les Escargots. Vous aurez donc l'embarras du choix pour la nourriture de votre hôte.

Ne mettez pas deux Carabes ensemble : si ce sont des mâles ils se battront furieusement.

Vous avez surtout des chances de rencontrer le Carabe doré, appelé souvent « Jardinière » ou « Sergent », magnifique insecte de 25 à 30 mm, à carapace vert doré plus ou moins bronzé. C'est un grand mangeur de Limaces et de Vers, comme le Procuste chagriné, tout noir, grand Carabe de 40 mm que vous dénicherez sous les pierres d'où il ne sort qu'à la tombée de la nuit. Le Calosome, plus trapu, aux couleurs métallisées, sera trouvé en forêt de Chênes ou de Pins.

CARABUS, mon ami

en dégorgeront une gouttelette dans la bouche des compagnes fatiguées qu'elles croiseront, ou dans celle des larves à nourrir au nid, ou des reines trop occupées à pondre pour chercher elles-mêmes leur nourriture.

Car l'organisation de la fourmilière est remarquable, et se retrouve identique chez la plupart des nombreuses espèces. Elle est aussi celle des petites Fourmis noires des jardins, ou des grosses Fourmis noires qui font leur nid sous l'écorce des arbres abattus, ou de celles qui, vraies guerrières, réduisent d'autres espèces en esclavage pour effectuer tous les travaux nécessaires à la vie de leurs colonies.

Chaque fourmilière comprend des individus différenciés : des mâles, petits et ailés, des femelles, de plus grande taille, et des Fourmis moins grosses, stériles, qui sont les ouvrières que vous voyez, ou parfois les « soldats » à grosse tête munie de fortes mandibules, chargés de la défense du nid.

Aux beaux jours, mâles et femelles ailés, nés en abondance à la belle saison, quittent les nids par milliers pour un vol nuptial où ils s'accouplent. Après l'accouplement, revenus à terre, abandonnés et incapables de se nourrir eux-mêmes, les mâles meurent. Les femelles, fécondées pour toute leur vie, se débarrassent de leur ailes, ou laissent des ouvrières les leur arracher. Elles deviennent les « reines », chargées uniquement de la ponte qui peuplera le nid.

Si ces femelles restent isolées, après avoir passé l'hiver à l'abri sous terre, chacune pond, élève elle-même les premières larves qui, peu nourries, seront stériles ; ce sont des « ouvrières » qui se mettent tout de suite à l'ouvrage. Alors la colonie est fondée. La reine bien nourrie par les ouvrières ne quittera plus le nid, où elle pondra sans cesse. La colonie s'accroît. Les ouvrières, de plus en plus nombreuses, assurent aux larves une nourriture abondante ou spéciale qui provoquera la naissance de nombreux individus sexués (mâles ou femelles), dont le vol nuptial, aux beaux jours, permettra l'extension du nid par l'apport de nouvelles reines fécondées, ou la création de colonies nouvelles.

Sachez que certaines espèces ne se contentent pas de « traire » les pucerons sur leurs branches, mais en élèvent dans la fourmilière, les soignent et nourrissent comme un vrai bétail pour profiter sur place du miellat qu'ils produisent. D'autres, cultivatrices, entreposent des débris végétaux sur lesquels se développent certaines moisissures, pour se nourrir de ces minuscules champignons ; ou bien plantent des graines autour de la fourmilière et moissonnent la récolte. Quel travail! Et quelle solidarité dans l'effort! Mais elles sont si nombreuses, les courageuses ouvrières! Si l'on pense qu'elles font seules toutes les besognes nécessaires, construction, entretien, nourriture et défense des hôtes du nid, élevage des larves, et qu'elles vivent cependant peu de temps, la plupart mourant dès l'hiver, combien d'œufs les reines doivent-elles pondre pour assurer pendant des années la vie de cette étonnante société!

Au milieu des ouvrières, mâles et femelles ailés se préparent au vol nuptial.

Vous garderez donc votre Carabe en captivité, juste le temps de voir comment il se nourrit. Il tue ses proies de ses mandibules puissantes, les broie, les arrose d'une sécrétion intestinale qui transforme les tissus de la victime en bouillie qu'il aspire ensuite.

Quand vous aurez vu l'animal opérer, remettez-le en liberté : il est trop précieux pour être sacrifié au désir de l'admirer longtemps. Et si vous avez un jardin, vous serez privilégié de pouvoir héberger quelques-uns de ces insectes.

Le Carabe doré se rencontre partout en France au printemps et en été. Ses larves sont très voraces.

SAVEZ-VOUS QUE

● si vous bousculez un peu le dôme de la fourmilière, vous découvrirez des chambres pleines de cocons blancs que vous appelez « œufs de Fourmis », les nymphes dans leur vêtement de soie. Mais vous verrez avec quelle rapidité les Fourmis accourent et emportent ces cocons pour les mettre à l'abri, avant de réparer les dégâts que vous avez commis. Ne les tracassez pas davantage.

● et pensez qu'elles peuvent vous aider dans vos préparations anatomiques : un petit animal mort (mulot, oiseau...) déposé sur le dôme est vite dépecé jusqu'à ce qu'il n'en reste que les os. Mais recouvrez-le (pot à fleurs, boîte vide...) pour qu'un prédateur ne s'en empare pas.

● certains nids de Fourmis rousses abritent jusqu'à 500 000 individus en une quarantaine d'étages de galeries?

● les Fourmis rousses ferment les entrées de leur fourmilière le soir et les jours de pluie?

● une reine de Fourmi rousse pond un œuf toutes les deux minutes?

● la fourmilière peut comprendre 20 reines et plus?

● chez les Fourmis, une reine peut vivre plus de 10 ans, tandis qu'une ouvrière ne vit que quelques mois?

● il existe plus de 6 000 espèces de Fourmis de par le monde?

● les Fourmis forment 90 % de la nourriture des Piverts?

● les nymphes (dites « œufs de Fourmis ») sont une alimentation de base pour les Faisandeaux d'élevage?

Sous les feuilles mortes, s'étend une couche de terre noirâtre faite de débris animaux et végétaux décomposés : l'*humus*. Souvent mêlé d'un peu de la terre sous-jacente, de fines racines, il est habité par un monde invisible mais innombrable...

Vous pensiez marcher sur une terre sans vie ? Détrompez-vous. Enlevez les feuilles mortes, remuez le sol du bout de votre bâton, vous verrez filer des Mille-pattes, se rouler en boule des Cloportes et se tortiller des Vers... Mais vous ne verrez pas à l'œil nu les millions de bactéries et d'animaux microscopiques, les champignons inférieurs, les moisissures, tous ceux qui décomposent, transforment, fertilisent cette couche superficielle. Et pourtant on estime qu'en moyenne, bien qu'infiniment petits, ils constituent une masse d'au moins 1 000 kg par hectare !

Le plus grand des Vers est le Lombric, le « Ver de terre ». Des milliers de Lombrics font leurs galeries dans le sol et avalent la terre. Ils en retiennent et digèrent les matières organiques. L'humus, si riche en débris végétaux, est souvent pour eux un milieu de choix. Ils s'enfoncent profondément, à la recherche de l'humidité, puis remontent à la surface pour rejeter en tortillons la terre non retenue, mais ameublie, et dont les éléments sont intimement mêlés. Des études récentes ont montré qu'après son passage dans le corps des Lombrics, la terre rejetée est plus riche en matières minérales utiles aux plantes : la forêt en profite.

En remuant pierres et feuilles mortes, vous verrez sortir à la surface de l'humus les Mille-pattes qui s'y abritent. Leur nom leur donne plus de pattes qu'ils n'en ont, car l'espèce le mieux pourvue en a 175 paires, ce qui n'est déjà pas mal !

Vous verrez surtout courir la Scolopendre, se faufilant à travers feuilles et racines à la vitesse de ses 30 pattes. C'est un chasseur de petits insectes et de Vers, comme le Géophile, beaucoup plus mince et plus long, assez semblable à un ver à pattes, mais aplati, brun jaunâtre, avec deux courtes antennes sur la tête. Très rapide, il disparaît vite dans l'humus.

Ne confondez pas ces Myriapodes avec un autre, l'Iule, noirâtre, plus épais, cylindrique, aux mouvements lents, qui s'enroule en spirale quand vous le touchez. Celui-là est végétarien et se nourrit de particules végétales en décomposition.

L'HUMUS ET SES HÔTES

Lombric

Cloporte

Scolopendre

Les Cloportes se groupent souvent sous des pierres, sous des écorces pourrissantes enfoncées dans l'humus. Ce sont des Crustacés, comme les Crevettes, et les seuls Crustacés terrestres. Gris sombre ou noirs, d'un à deux centimètres de long, ils se roulent en boule quand on les touche. Comme l'Iule, ils se nourrissent de substances en décomposition et transforment constamment ces déchets.

L'action de ces animaux ne compte guère, pourtant, à côté de celle des myriades d'êtres invisibles à l'œil nu qui peuplent le sol et, sans arrêt, transforment les matières organiques mortes en éléments de ce précieux humus qui alimente la végétation, source de nouvelles vies.

Géophiles

Iules

Histoires de Larves

CAPRICORNE

Les larves des Capricornes, avant de devenir ces beaux Scarabées aux longues antennes vivent longtemps dans leurs galeries obscures. Le mâle du Grand Capricorne (p. 50), qui atteint 5 cm de long est porteur d'antennes particulièrement longues. La femelle, aux antennes plus courtes, pond surtout dans les vieux Chênes vermoulus, mais parfois aussi dans les écorces fendues des Châtaigniers, des Charmes, des Hêtres et des Frênes.

Les larves hivernent une première fois puis, au printemps, mangent l'écorce ; elles pénètrent dans l'aubier pendant l'été, puis hivernent une seconde fois. Elles continuent ensuite leur progression néfaste pour l'arbre et vont se creuser une chambre de nymphose jusqu'à 15 à 30 cm de profondeur. Métamorphose faite, l'insecte adulte hivernera là jusqu'au printemps suivant.

COSSUS

Dans les troncs abattus de Peupliers, de Saules, de Frênes, d'Ormes, se trouvent les galeries du Cossus Gâte-bois. C'est un gros papillon nocturne, à trompe atrophiée, de 9 cm d'envergure. Sa larve est une longue chenille au dos brun rougeâtre.

La femelle de ce papillon, très commun en France, dépose ses œufs, en juin-juillet, dans une blessure de l'écorce et il en sort ces « boudins » vivants, voraces, pouvant atteindre jusqu'à 8 ou 10 cm de long, munis de très robustes mandibules. Ces larves attaquent le bois et y progressent en creusant de très longues galeries. En effet, ce bois qu'elles mangent est peu nourrissant et il leur faut 3 années de cette vie rampante et privée de lumière pour arriver à se développer complètement. Ne les croyez pas presque immobiles dans leur tunnel : un anatomiste a pu compter sur leur corps jusqu'à 4 000 muscles, alors que l'homme n'en possède que 600 !

Pour ramollir sa nourriture chacune sécrète un liquide à l'odeur âcre, caractéristique. Le moment de la nymphose arrivé, elle agglomère la sciure avec des fils de soie pour faire son cocon.

ICHNEUMON ET SIREX

La Rhysse persuasive, ou Ichneumon, est un curieux insecte aux formes élancées, qui peut atteindre 4 cm et dont la tarière, chez la femelle, est plus longue encore. Ce carnassier est l'ennemi le plus redoutable du Sirex géant, grande guêpe — inoffensive pour l'homme — qui, dans le bois vivant des conifères, pond 350 œufs d'où sortiront des larves vivant deux ou trois ans dans le bois, même abattu.

La Rhysse, alors, parcourt rapidement troncs, branches et bois débité. Des organes sensitifs situés vers l'extrémité des pattes permettent à l'insecte de percevoir les vibrations du bois ; d'autres organes le font réagir à des substances chimiques spéciales aux larves xylophages de Sirex. Ainsi la Rhysse arrive à localiser sa victime à travers le bois.

A ce moment la Rhysse écarte les pattes, se penche en avant, dresse verticalement son abdomen, appuie contre une patte postérieure sa longue tarière de 5 cm et commence à forer le bois. Par un va-et-vient rapide, la tarière pénètre de plus en plus. Tout de même, il lui faut bien 20 minutes pour traverser 3 cm de bois sain et, pendant ce temps, l'insecte est exposé à la prédation des oiseaux.

Si tout se passe bien, la larve est atteinte dans sa galerie. Les deux parties extérieures de la tarière de la Rhysse s'écartent du trou et la fine pointe du tube conducteur de l'œuf perce la peau du xylophage. Deux microscopiques crochets maintiennent ouverte la blessure et l'œuf est pondu à l'intérieur de la victime.

La larve sortie de l'œuf de la Rhysse se développe sans tuer son hôte jusqu'au moment où celui-ci forme une loge dans la galerie pour se transformer en nymphe. La future Rhysse dévore alors certaines parties vivantes du xylophage. Celui-ci est détruit et, dans la galerie, c'est son parasite qui effectue sa propre nymphose...

Sirex

Ichneumon ou Rhysse

et chez les mammifères ?

C'est déjà fin juillet que les Chevreuils se livrent de sérieux combats pour la conquête des femelles.

Les Cerfs adultes se mettent en quête du domaine vital où ils s'accoupleront à l'automne. Ils peuvent d'ailleurs franchir des distances considérables. Même si quelques-uns seulement de nos lecteurs, et par chance rare, devaient avoir l'émotion d'admirer un Cerf en forêt vosgienne ou en forêt de Rambouillet, par exemple, il nous faut bien évoquer la beauté de ces animaux, splendides en été.

L'été est aussi la saison des mammifères qui... volent dans le soir tombant, bouche largement ouverte pour attraper au passage Papillons et diptères. Ce sont des Chauves-souris qui naviguent au sonar, c'est-à-dire en émettant des ultra-sons, réfléchis par tout solide se trouvant devant elles. Certaines ont leur refuge dans les maisons forestières inhabitées.

Il en est bien des espèces. Les Rhinolophes-fers-à-cheval (le Grand et le Petit) passent l'hiver en groupes dans les grottes et les fentes des rochers ; mais l'été, ils vivent souvent solitaires dans les arbres creux de la campagne et des bois.

La Noctule aux ailes longues et étroites sort tôt le soir et vole haut, attrapant de gros insectes. Elle hiverne dans les clochers, les creux d'arbres. Et l'été, elle se cache aussi, souvent en nombre, dans les trous d'arbres.

L'Oreillard, lui, vient aux lisières des bois capturer les insectes sur les feuilles des arbres en volant sur place. Le jour, il se cache dans les tours et les clochers.

Il en est sûrement d'autres espèces en forêt. Ce qui importe c'est de savoir expliquer autour de vous que ces animaux n'ont rien d'effrayant. Les Chauves-souris ne portent pas plus malheur que les Chouettes et les Hiboux, qu'on a si longtemps poursuivis de ce sot préjugé. Comme eux, elles sont très utiles pour limiter les populations d'insectes car elles sont, en Europe, uniquement insectivores.

Des chercheurs étudient leurs déplacements saisonniers, qu'elles effectuent du gîte estival aux retraites d'hiver. Ils seraient au maximum de 150 km et la Noctule, par exemple, pourrait les parcourir à 45 km/h avec 19 battements d'aile par seconde... Si vous trouvez au sol une Chauve-souris morte et qu'elle porte une bague à la patte, n'oubliez pas de renvoyer cette bague au CRMMO.

Les utiles Chauves-souris devraient être partout protégées. Le Petit Rhinolophe, ici suspendu par la griffe du pouce, a le museau couvert de protubérances alors que celui de l'Oreillard, (ci-dessus) et celui de la Noctule, (ci-dessous) est lisse.

pour les jeunes naturalistes

La Salamandre tachetée que ce jeune naturaliste sort avec précaution d'une eau très formolée a été trouvée morte dans une sente humide, boueuse, sous un épais coussin de mousses que le passage d'un animal avait retourné et d'où elle serait sortie le soir tombé.

Un vrai naturaliste est un protecteur de la nature et ne tue jamais un animal pour le naturaliser.

Il peut arriver qu'un prédateur s'enfuyant à votre approche abandonne la proie qu'il vient de tuer, et que vous désiriez la naturaliser pour enrichir le musée scientifique de votre école. Vous pouvez aussi, dans la même intention, obtenir d'un chasseur ami, d'un garde-chasse complaisant ou du marchand de gibier qu'ils vous donnent la tête et les pattes d'un animal abattu.

Comment préparer ces spécimens pour qu'ils se conservent, et dans un aspect présentable?

S'il s'agit d'un petit animal (petit passereau, lézard...) vous le plongerez pendant une quinzaine de jours dans une solution formolée (eau + formol) assez concentrée (15 à 20 % environ). Vous le laverez ensuite à grande eau et le mettrez en forme en le fixant dans une position « naturelle » pour le séchage. Écartez les doigts des pattes pour que la bête ait une bonne assise et pour qu'on les voie bien. L'animal se déformera un peu quand les tissus se resserreront, mais sa conservation sera assurée pour un assez long temps.

Vous aurez un meilleur résultat si vous enlevez les viscères avant le séjour dans le formol. Il faut pour cela pratiquer une fente à l'abdomen. Enlevez tout ce que vous pouvez de l'intérieur que vous bourrerez de coton plus tard, avant le séchage, en recousant la fente. L'animal gardera ainsi une forme plus normale et se conservera mieux.

Mais prenez garde, le formol brûle la peau; mettez des gants de caoutchouc ou ayez à côté de vous une cuvette d'eau pour y rincer soigneusement vos doigts dès qu'une solution concentrée les a mouillés.

Si le spécimen à conserver est d'une taille un peu forte, ou très charnu, vous devez opérer des injections de solution formolée au moyen d'une seringue pour injections hypodermiques, munie d'une grosse aiguille que vous enfoncerez dans les chairs et les jointures. Mais le procédé est *dangereux*, vous devez être très prudent pour *ne pas vous piquer* vous-même (les piqûres seraient graves) et pour éviter le rejaillissement de formol sur vos mains. Et gardez le visage éloigné de la pièce que vous piquez.

Vous pourriez préparer ainsi des têtes d'oiseaux : Perdrix, Faisan, Ramier, Corneille et de petites pattes de mammifères : Hérisson, Lapin, Chevreuil, avant un séjour plus court cette fois (quelques jours) dans la solution formolée. Vous procédez ensuite comme pour les petites pièces : lavage rapide à grande eau, brossage des plumes ou des poils, séchage. Après ce séchage, vernissez le bec des oiseaux, les ongles ou les sabots des mammifères au vernis incolore.

Pour les pattes d'oiseaux, procédez ainsi : lavage soigné, brossage, éventuellement une injection au formol dans la plante du pied si elle est très charnue, séjour de 3 à 4 jours dans la solution formolée, lavage et mise en forme, séchage, souvent très long. Quand elles sont sèches, bien durcies, passez une couche de vernis qui les protège et les embellit.

SQUELETTES TÊTES OSSEUSES

Vous pouvez désirer préparer des squelettes de têtes pour votre musée scolaire.

Commencez vos essais par des têtes de Lapin, de Lièvre, de Hérisson, de Faisan, de Corneille, peu délicates à manier. Faites-les cuire à l'eau, enlevez la peau et les chairs, mettez à nu les parties osseuses. Enlevez bien toute la cervelle, par le trou occipital. Grattez les os (vous pouvez faire de petits outils avec du fil de fer aplati ou recourbé à une extrémité), brossez-les, rincez abondamment. Faites un nouveau passage à l'eau très chaude, sans bouillons qui désarticuleraient la tête, dans une eau additionnée d'un dégraissant, carbonate de chaux ou lessive. Rincez de nouveau et brossez pour assurer un nettoyage complet. Faites tremper une journée dans l'eau froide additionnée d'une ou deux cuillerées d'eau de Javel, ou mieux d'eau oxygénée qui blanchit les os. Rincez et laissez sécher.

Si des parties de la tête se sont détachées pendant l'opération, remettez-les en place en les collant. Collez aussi les dents dans leurs alvéoles.

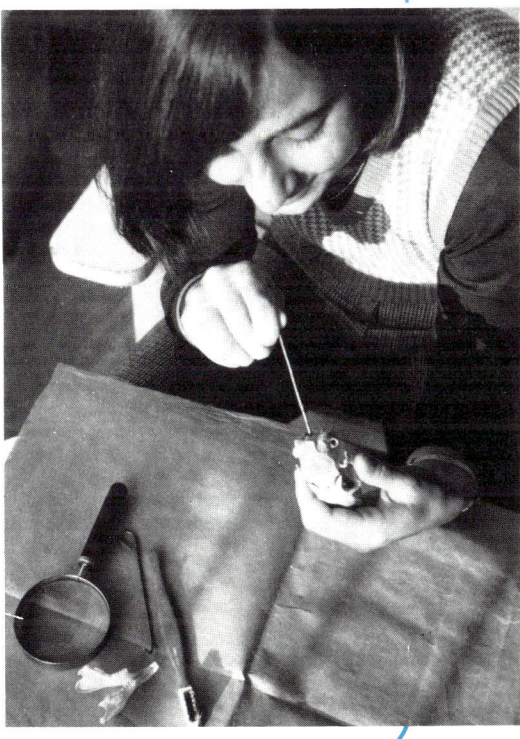

GROS BALAIS POUR GROS BALAYAGES

Choisissez des ramilles de Bouleau ou des branches fines de Genêt dit « Genêt à balais », d'environ 80 cm de longueur. Rassemblez-les en un gros bouquet dont vous égaliserez la base en tassant le bas des branches sur une surface plane. Ligaturez provisoirement ce gros bouquet en entourant cette base d'une forte ficelle assez serrée, en deux endroits écartés l'un de l'autre d'une quinzaine de centimètres, le premier tour de ficelle étant à 8 ou 10 cm de la base.

Taillez un bâton bien droit qui servira de manche, d'un diamètre convenable (2,5 cm environ, 3 cm au maximum) en lui faisant au couteau ou à la serpette une extrémité très effilée.

Au centre de la base ligaturée provisoirement, enfoncez ce manche d'au moins 30 cm, par sa pointe effilée. Pour cela, vous pousserez d'abord la pointe dans le bouquet, bien au centre et dans l'axe. Puis, quand elle est assez engagée, vous continuez à l'enfoncer en tapant fortement par terre l'autre bout du manche tenu verticalement : le bouquet doit descendre peu à peu de lui-même le long du manche.

Il reste alors à faire les ligatures définitives, constituées par deux fils de fer qui entourent le bouquet à côté des ficelles, et que vous serrerez très fortement en torsadant avec une pince les deux extrémités de chacun. Vous rabattrez ensuite les torsades dans le bouquet pour éviter de vous y blesser.

Le bouquet est alors bien serré autour du manche. Vous coupe-

rez les ficelles devenues inutiles. Vous pouvez élaguer un peu l'extrémité des ramilles si elles forment un trop grand éventail. Votre balai est prêt à l'emploi pour la propreté de la cour, du trottoir, des allées de jardin.

POUR MIEUX COMPRENDRE L'ARBRE

Si vous examinez la coupe d'un arbre abattu, vous y verrez des couches concentriques de bois. Mortes et durcies au centre, elles forment le *cœur* de l'arbre. Moins dures vers l'extérieur, elles forment *l'aubier*. Ce bois est parcouru par les vaisseaux qui canalisaient la sève brute puisée dans le sol.

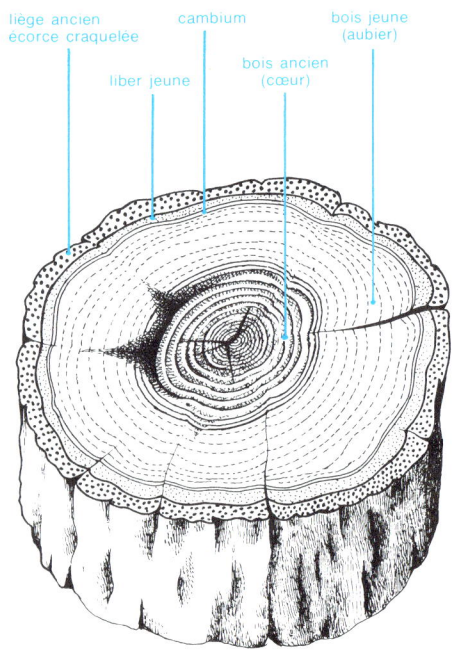

liège ancien
écorce craquelée
cambium
bois jeune (aubier)
liber jeune
bois ancien (cœur)

Ces couches successives du bois ont été formées à raison d'une par année par des cellules ceinturant l'arbre à la limite du bois et de l'écorce, et qui forment ce que les savants nomment le *cambium*. Celui-ci engendre le bois vers l'intérieur, en deux étapes chaque année et, vers l'extérieur, des cellules différentes, le *liber* où circule la sève élaborée qui se rend dans les diverses parties de l'arbre pour les nourrir ou y accumuler des réserves. Puis, toujours vers l'extérieur, d'autres cellules engendrent un tissu protecteur, le *liège,* qui est à l'origine de l'écorce.

Mais le travail du cambium augmente le diamètre de l'arbre, et l'écorce se distend, éclate et meurt. Les parties mortes les plus externes se détachent chez certains arbres et tombent : l'arbre « mue » et la couche génératrice forme une nouvelle couche de liège en remplacement. C'est le cas du Merisier, du Bouleau, dont l'écorce se détache en lanières, du Platane, où elle se détache en écailles.

Chez beaucoup d'autres, la partie externe morte demeure fixée à l'arbre mais, rigide, elle ne peut plus accompagner le développement de l'arbre dont le diamètre augmente chaque année : elle se fend, se crevasse, comme vous pouvez le voir sur le Chêne ou le Châtaignier. Et, sur un Pin, vous verrez parfois, entre les profondes crevasses formées ainsi, les parties en saillie se détacher en épaisses écailles.

Quand l'arbre est abattu, le cambium aux tissus jeunes et peu consistants se dessèche, disparaît, et l'écorce se trouve détachée du bois. Vous en soulevez facilement des plaques, pour constater que de nombreuses bestioles y ont élu domicile, Vers ou insectes, ainsi que les prédateurs, Mille-pattes et autres, qui viennent leur donner la chasse.

QUEL ÂGE A CET ARBRE ?

Là encore, il faut une longue expérience pour apprécier l'âge à vue d'œil, et tous les vieux arbres ne sont pas répertoriés. Mais vous pouvez évaluer assez bien cet âge sur la section d'un tronc abattu ; comme nous vous le disions dans « Ce que dit la Nature dans le Pré ». Il y suffit de bons yeux et d'une bonne loupe.

La section montre des cercles concentriques où la loupe découvre une couche de bois moins serrée qui est la pousse de printemps et une, plus compacte, qui est la pousse lente de l'été. Cette différence des couches permet de discerner les anneaux compacts qui, à raison d'un par an, révèlent l'âge de l'arbre.

AVEC DES ÉCORCES...

Vous avez appris à reconnaître les principaux arbres des bois à leur port, à leurs feuilles, à leurs fruits (p. 14 à 20). On vous a dit que les écorces sont, elles aussi, caractéristiques, particulières à chaque espèce. En voici quelques-unes.

Celle du Chêne rouvre, qui servait autrefois au tannage, est gris noir, profondément crevassée. Celle du Bouleau se détache en bandes tandis que celle du Platane se détache par plaques ou en écailles. Celle du Pin sylvestre est d'abord verte chez les jeunes rameaux puis couleur rouille ; elle s'épaissit et devient brun grisâtre chez les sujets âgés. Vous reconnaissez aisément l'écorce lisse du Hêtre tout au long de son tronc élevé.

Avec une feuille de papier et un crayon, vous pouvez faire un frottis-relevé des écorces, vous apprendrez ainsi à bien les connaître. Appliquez bien le papier contre l'arbre et frottez fermement. A la maison vous lisserez la feuille et préciserez les détails.

Et surtout, tout au long de l'année, dans vos promenades sylvestres, ramassez les écorces que vous pourrez trouver au pied des arbres, prélever sur des souches, détacher des rameaux et branches cassés, recueillir près des troncs abattus dans les clairières et les coupes. Stockez soigneusement ces trésors à la maison, dans des caisses ou des boîtes en carton ; bien entendu après les avoir débarrassés des insectes qu'ils peuvent recéler et de traces de pourriture. Voyez à réserver les branches décoratives en elles-mêmes par leur forme, par les lichens ou les mousses qu'elles portent. Vous utiliserez avec beaucoup de plaisir des morceaux d'écorce pour réaliser des fleurs et des animaux fantastiques, quand viendront les jours gris.

Un dessin sur une grande feuille de carton ou de contreplaqué posée à plat sur une table pour un travail commode ; des points rapprochés de colle à bois... du goût, de l'imagination... et pourquoi ne réaliseriez-vous pas des chefs-d'œuvre semblables à ce rapace en vol, fait d'écorce de platane et de pin, dont s'enorgueillit à juste titre une équipe de lecteurs de « DANS LE PRÉ » ?

Chêne rouvre

Bouleau

Platane

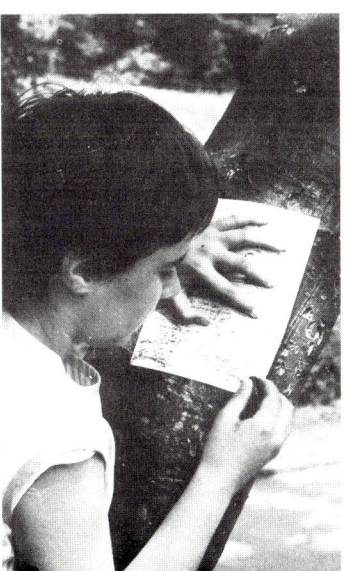

Pin

Hêtre

Robinier

NE RAYONS PAS DU TERROIR LE Chat sauvage

Au début de 1975, des personnes amies de la nature recueillirent un très jeune chat sauvage pris au piège dans une forêt du Morvan. Elles le soignèrent et cherchèrent une Réserve forestière française où il pût grandir sans être inquiété. Faute de réponse à leurs démarches, elles confièrent l'animal à des naturalistes suisses car, en Suisse, le Chat sauvage est protégé depuis sa réacclimatation dans le district fédéral de Berne.

Ceci montre combien la situation du Chat sauvage est précaire dans notre pays, où il est pourchassé pour de prétendus dégâts dans le gibier et présenté comme un animal terrifiant. Vous avez donc intérêt à le connaître tel qu'il est. Ce félidé figure parmi les espèces en danger d'extinction sur la liste de l'Union Internationale pour la Conservation de la Nature (U.I.C.N.) mais il n'est nullement protégé dans notre pays. Actuellement, c'est dans le Massif central, les Vosges, les Ardennes, les Pyrénées et la Bourgogne, que les Chats sauvages survivants se réfugient.

C'est un animal musclé, souple et puissant, aux membres bien dégagés.

Le Chat sauvage n'est pas le Chat haret, animal domestique à robe tigrée, redevenu sauvage et tout à fait indépendant. La taille de ce dernier est inférieure à celle du Chat sauvage, sa queue, surtout, est plus longue et plus effilée. Celle du Chat sauvage est caractéristique : elle est en forme de massue, très velue, régulièrement épaisse presque tout du long ; elle est cerclée de 6, 7 ou 9 anneaux noirs et terminée par un dernier plus large encore.

PLUS UTILE QUE NUISIBLE

Exclusivement forestier, il mérite bien son nom de *Felis sylvestris*. Il préfère les hautes futaies entrecoupées de clairières, les régions montagneuses jusque vers 1 600 m. Quelques sujets fréquentent aussi les peupleraies et peuvent se cantonner à proximité d'étangs ou de petits cours d'eau bordant une forêt. Un conseiller biologiste dans les Ardennes a constaté que le Chat sauvage est un excellent destructeur de Rats musqués.

Pour fuir le voisinage de l'homme, *Felis sylvestris* est surtout crépusculaire et nocturne. Mais, s'il n'est pas inquiété, il circule aussi le jour. Surtout, il passe des heures à somnoler, étendu sur quelque branche maîtresse d'un arbre, les pattes repliées sous lui. Une grosse pierre parmi les bruyères, un vieux nid de Corneille, un terrier abandonné de Blaireau peuvent aussi lui servir de refuge.

Un jeune Écureuil dans un sapin, un oiseau au nid, un Lapin tôt sorti sont des proies tentantes. A l'occasion, il se régalera de Faisans d'élevage.

Mais, depuis 1962, les travaux du Laboratoire de Zoologie de la Faculté des Sciences de Nancy, appuyés par des recherches analogues menées en Allemagne et en Tchécoslovaquie, ont démontré que « le régime alimentaire du Chat sauvage comprend plus de 90 % de petits Rongeurs parmi lesquels les Campagnols représentent 85 %, les Mulots étant moins appréciés ». Voici donc que le Chat sauvage se révèle comme un allié de l'agriculture.

Il croque de petits oiseaux, direz-vous. Pour 90 % de rongeurs, 6 % d'oiseaux... car n'oublions pas que, pour le reste, il sait d'un coup de patte habile, pêcher quelques poissons faibles ou malades en eau peu profonde.

NOTRE DERNIER FÉLIDÉ SAUVAGE

Comme pour justifier la haine à l'égard de *Felis sylvestris*, on en fait un fauve cruel et énorme. Or, une étude publiée en 1971 donne 3,5 kg comme poids moyen des femelles et 5 kg comme poids des mâles, pour 177 animaux, tous de provenance française.

Son agressivité n'est constatée que... quand il est retenu prisonnier ! Le Professeur Condé qui a obtenu, dans son élevage, 17 portées de Chats sauvages assure que la férocité n'est pas un caractère inné de cette espèce.

Dans la forêt, les couples de Chats sauvages s'unissent pour une courte période de reproduction.

Dès février-mars, par des cris et des miaulements modulés, la Chatte annonce qu'elle est prête à s'accoupler. Au terme d'une portée de 66 jours, en avril-mai, elle choisit un arbre creux, un fourré abrité du vent et y met au monde 3 à 6 petits. Elle se montre tendrement attentive. Elle n'a généralement qu'une portée annuelle, mais, si elle était détruite, une seconde pourrait se produire vers la fin de l'été. La mère allaite trois mois ses chatons ; ils sont ensuite nourris de petits rongeurs, de taupes, d'oiseaux jusqu'au cinquième mois où ils prennent leur indépendance.

Souhaitons qu'ils soient enfin protégés chez nous, car le Chat sauvage européen est le seul félidé qui nous reste.

profitez des fruits sauvages

Les Framboises sauvages ont un parfum exquis. Si vous avez la chance d'en récolter, vous les mangerez nature, ou saupoudrées d'un peu de sucre semoule et nappées de crème fraîche.

Vous pouvez aussi, si votre récolte est suffisante, en faire de savoureuses confitures.

Vous procéderez de la même façon avec les Mûres cueillies en quantité en août et septembre à la lisière des bois. Il faut qu'une partie des fruits cueillis ne soit pas trop mûre (rouge foncé) si l'on veut que la confiture « prenne » bien. Mais un peu de jus de citron ou de pommes aide aussi bien à la prise.

Vous obtiendrez aussi une fameuse compote en procédant de la façon suivante. Plongez vos framboises (ou vos mûres) dans un sirop chaud que vous aurez préparé en faisant dissoudre du sucre dans de l'eau dans la proportion de 500 g de sucre par 1/4 de litre d'eau pour 1 kg de framboises. Remettez au feu et faites prendre un petit bouillon. Laissez refroidir, enlevez les fruits, faites réduire un peu le sirop avant de le verser, refroidi, sur les framboises. C'est prêt pour la dégustation.

Et savez-vous que vous pouvez préparer une délicieuse composition rafraîchissante en faisant macérer des framboises dans du bon vinaigre de vin pendant une semaine ou deux ? Un peu du liquide obtenu, légèrement sucré selon votre goût, dans un verre d'eau fraîche donne une boisson désaltérante, très parfumée.

Ne croyez pas que la mauvaise saison vous privera du plaisir d'une cueillette intéressante : c'est après les premières gelées que vous récolterez en bordure des bois et dans les haies les cynorrhodons, ces curieux fruits rouges des Églantiers, pour en faire une savoureuse marmelade. Nous vous avons donné une recette dans le livre « Ce que dit la Nature... dans le Pré ». En voici une variante :

Enlevez le sommet noir des fruits, fendez-les. Faites tremper, recouverts d'eau ou de vin blanc, 3 à 4 jours. Remuez de temps en temps. Faites cuire le tout une heure à la limite de l'ébullition. Passez au moulin à légumes. Ajoutez à la purée obtenue 2/3 de son poids de sucre cristallisé. Cuisez à feu doux pendant 1/2 heure.

Si votre récolte est plus modeste, vous pouvez préparer les Cynorrhodons en condiment. N'attendez pas qu'ils soient très mûrs, fendez-les en deux, à cru, et retirez patiemment, en grattant avec une petite raclette (une épingle neuve fait l'affaire) les poils et grains durs de l'intérieur. Faites macérer dans du vinaigre, comme des cornichons. Vous serez sûr de piquer la curiosité de vos amis avec ces petits « piments » inhabituels, aigres-doux et parfumés. Les baies de Sureau noir, avant maturité, peuvent s'employer de la même façon et remplacer les câpres.

Les baies mûres de Sureau noir donnent de bonnes confitures « de ménage » meilleures encore si vous y ajoutez un peu de citron, mais vous devrez les sucrer davantage.

Les Myrtilles bleu-noir et leurs parentes, les Airelles rouge foncé font aussi d'excellentes confitures. Elles ont la vertu précieuse d'améliorer la vue, particulièrement de nuit... A cause de cela elles font partie du régime alimentaire des astronautes, et les pilotes d'avion ou d'automobiles de course en consomment volontiers. Si vous les imitez, vous n'en tirerez que du bien.

Le Sureau à grappes (ci-dessus) porte en mai une inflorescence allongée, composée de fleurs blanc-jaunâtre qui donnent ensuite des baies rouges bien groupées, contenant des graines toxiques.

L'odorant et utile Sureau noir (ci-dessus) porte en juin-juillet une très large inflorescence blanche qui fournit des fruits noirs et luisants, savoureux en confiture.

ALERTE AU FEU

Vous savez peut-être — car la presse, la radio, la télévision le redisent souvent — que le feu détruit en moyenne 35 000 à 40 000 ha de forêts ou de maquis chaque année en France. C'est un désastre car il faut des dizaines d'années et beaucoup de soins et de vigilance pour rétablir la végétation d'une forêt dévastée, si toutefois le terrain découvert n'a pas été ensuite détruit par l'érosion. En effet le ruissellement des eaux de pluie peut faire perdre à un sol en pente moyenne, non recouvert par la végétation, jusqu'à 150 T de terre par hectare et par an.

• Les causes principales d'incendies résultent d'imprudences d'enfants, de fumeurs, de campeurs et de pique-niqueurs, de gens qui brûlent des mauvaises herbes, d'étincelles produites par des échappements de voitures mal réglés, de cigarettes non éteintes jetées par les portières. Près des trois quarts des incendies de forêts naissent au bord des routes.

• Le feu s'étend d'autant plus vite qu'il trouve plus d'aliments au sol : Bruyères et Fougères sèches brûlent comme feu de paille. Les incendies sont d'une violence et d'une intensité particulières en Provence et dans les Landes car les résineux séchés par le soleil brûlent très vite. De plus, les pommes de Pin qui éclatent, envoyant des étincelles de tous côtés, et les aiguilles embrasées emportées par le vent propagent l'incendie à de grandes distances.

• Le 20 août 1949, en Gascogne, un gigantesque incendie de forêt qui détruisit en deux jours 32 000 ha de résineux, encercla 82 sauveteurs qui périrent dans les flammes. Aujourd'hui, cette forêt est moins menacée car elle fait l'objet d'une surveillance attentive ; on y a établi des miradors, des points d'eau et des quadrillages de « pare-feu » (bandes de terrain de 60 m de large maintenues dégarnies) qui sont des points d'appui pour lutter contre un incendie éventuel.

• En France, on attaque les foyers d'incendie depuis 1963 par voie aérienne : au début, avec des avions hydroglisseurs Catalina, porteurs de 4 000 l d'eau et, depuis 1969, avec des avions puissants, les Canadair qui se ravitaillent en eau en rasant la surface de la mer ou d'un lac sans interrompre leur vol.

• Il n'en faut pas moins être extrêmement prudent pour éviter ce risque permanent d'incendie durant le long été, d'autant plus que, dans la région méditerranéenne, le tapis de cendres n'a aucun pouvoir fertilisateur : il stérilise les graines, absorbe l'humidité, détruit l'humus.

• N'hésitez pas à rappeler aux adultes qu'ils ne doivent jamais fumer en forêt. Rappelez-vous bien, si les circonstances vous rendent témoin d'une flamme de faible puissance, qu'elle peut s'éteindre en l'écrasant à coups de branchages.

• Songez aux animaux qui disparaissent dans les flammes. Sans parler des Tortues, des Couleuvres et des Crapauds et de millions d'insectes, on estime que 300 oiseaux et 400 mammifères périssent pour chaque hectare de forêt brûlé...

En forêt, des postes d'eau bien visibles facilitent la lutte contre l'incendie.

sous l'écrasant soleil

Au climat sec et chaud de la région méditerranéenne correspond une végétation amie de la sécheresse (xérophile), dont les feuilles sont petites, coriaces, souvent très épineuses pour ne pas laisser trop s'évaporer l'eau de leurs tissus. Troncs et tiges des arbres, buissons et plantes ne sont jamais très hauts et donnent ainsi moins de prise à la violence du mistral.

Ceci ne veut pas dire qu'il ne se trouve pas dans le midi de la France d'arbres élevés. L'été brûlant y exalte les effluves bienfaisants des Pins maritimes, essence de lumière, qui absorbent de toutes leurs aiguilles l'énergie solaire. Le Pin d'Alep (indigène, en dépit de son nom) est partout en Provence, comme le Pin parasol. La magnifique parure que représentent les pinèdes du midi offre un intérêt touristique mais aussi économique : bois, résine.

L'arbre le plus caractéristique de la végétation xérophile est le Chêne-vert ou Yeuse, dont le feuillage gris-vert, si touffu et persistant, donne au paysage sa teinte caractéristique. Il fut l'un des grands arbres de la forêt primitive qui couvrait le midi de la France et dont la reconstitution se présente comme un travail de Titans : les hommes, les troupeaux de moutons et de chèvres se sont, en effet, joints aux incendies pour accélérer sa dégradation en *garrigues*.

Dans celles-ci, le Chêne-vert dépasse rarement 15 m de haut, il s'associe à des végétaux amis de la sécheresse comme le Pistachier et les Genévriers.

Les garrigues basses, claires, accessibles, occupent de vastes surfaces en Languedoc et en Provence calcaire. Vous y rencontrez, croissant de compagnie avec le Chêne-vert, le nain de la famille, le Chêne-Kermès, qui peut atteindre 3 à 4 m mais dépasse rarement 0,70 m. Ce petit chêne épineux, au gland ovoïde dont la cupule est hérissée d'écailles pointues, alimente les incendies avec le Romarin, les Bruyères...

A la garrigue des régions calcaires correspond le *maquis* sur des massifs siliceux de la Corse, des Maures, de l'Estérel et de quelques petits massifs de grès ou de schistes des environs de Toulon. C'est une formation arbustive assez haute, dense, broussailleuse, parfois impénétrable où les végétaux ligneux de la « chênaie verte » se retrouvent associés à des espèces préférant la silice.

Le Chêne-liège y est prééminent. Il ressemble à l'Yeuse par son feuillage persistant quoique moins touffu, mais son écorce épaisse est plus profondément crevassée.

Dans la végétation basse du maquis, dominée par les arbrisseaux à feuilles réduites, se détache l'Arbousier dont les tiges d'abord tendres, rouges, velues, forment souvent un arbrisseau en buisson. Mais lorsque le tronc se dégage et croît en pleine lumière, l'Arbousier peut atteindre jusqu'à 10 m, tout paré de ses feuilles persistantes qui font penser à celles du Laurier-sauce mais sont bien plus coriaces. La savoureuse baie rouge de l'Arbousier le fait surnommer « l'arbre à fraises », bien que son fruit n'ait pas la structure d'une fraise.

Pourvu que le feu qui galope si vite dans les garrigues et les maquis ne soit jamais allumé du fait de votre sans-gêne et de votre imprudence ! Des petits Hiboux scops, nicheurs de la garrigue, le paieraient de leur vie et aussi combien de Fauvettes passerinettes et de Cigales dans les Chênes-verts !

Le chant strident des cigales emplit l'air aux heures chaudes du jour.

Le Massif des Maures est protégé. On essaie d'y reconstituer la forêt et d'y sauvegarder le Chêne-liège aux peuplements spontanés encore importants.

Les Arbouses donnent un vin, de l'eau de vie et de savoureuses confitures.

Les glands du Chêne-vert vous le feront distinguer sans peine du Houx.

La fleur de Néflier a donné son curieux fruit, en boule toute hérissée, qui n'est savoureux que blet, après les premières gelées. Il fait le régal de bien des animaux.

Aux bois, septembre a sonné le départ des Rossignols et jauni les feuilles des Trembles et des Coudriers. La gloire de l'automne s'affirme quand les feuillages, les uns après les autres, flambent de couleurs chaudes : jaune des Bouleaux, ocre des Mélèzes, ors variés des Hêtres et des Châtaigniers, rouge carmin des Érables et des Sorbiers, rouges vifs des Alisiers, ton violacé des Chênes... Quand le vert inaltérable des Sapins vient rehausser toutes ces nuances, c'est une splendeur dont les yeux ne peuvent se lasser.

Bien avant la chute des feuilles, les rameaux des arbres qui ont donné feuilles et bourgeons diminuent leur activité ; ils s'engourdissent et ne se réveilleront qu'au printemps. Alors que leur vie souterraine continue, bien des plantes herbacées paraissent entrées en dormance en dépit des heures tièdes d'octobre...

Les jours passent, de plus en plus courts. Graminées et Fougères se dessèchent. Les glands des Chênes et les faînes des Hêtres tombent. C'est la saison des fruits qui rougissent ou noircissent sur les arbrisseaux. Puis, pour les feuillus et les Mélèzes voici venir la chute des feuilles et des aiguilles.

l'Automne

Première gelée... Novembre pend ses brumes aux grands Hêtres dénudés. Le vent courbe à l'extrême les Saules et fait craquer les membrures des Chênes.

à cueillir ou à laisser...

Cueillez votre dernier bouquet de Bruyère commune dans la clairière car, par endroits, elle se fane dès octobre. Son nom savant est Callune. Autrefois on ne la trouvait qu'en forêt, mais elle peuple maintenant les landes qui ont remplacé tant de forêts déboisées. La Bruyère cendrée, dont la corolle rose, violacée ou blanche a des pétales de 3 mm, ne se trouve guère dans l'Est. L'une et l'autre peuvent se garder, sèches, longtemps, mais au moindre contact les petites fleurs (en grappe d'un seul côté de la tige) se détachent et tombent.

C'est le moment de récolter les fruits sauvages des arbrisseaux et des arbustes, Sureau, Sorbier, Églantier... sans oublier les savoureuses mûres des Ronces, pour vos confitures (p. 63) et les provisions d'hiver pour les oiseaux sédentaires (p. 91).

Après les premières gelées, vous pourrez manger « nature » ou en marmelade les cenelles de l'Aubépine, récolter les prunelles et les fruits du Néflier. De couleur brun-roux, les nèfles sont âpres et dures avant les gelées, agréables ensuite une fois blettes, malgré tant de noyaux ! Les oiseaux les apprécient. Au printemps ils ont trouvé un bon abri dans ce bel arbuste qui peut atteindre 4 m et qui porte, au mois de mai, de jolies fleurs blanches ou rosées et toutes solitaires, ce qui est rare parmi les arbres.

D'autres arbustes attirent votre attention à l'automne : le Cornouiller mâle, par exemple, qui porte des fruits oblongs, gros comme de petites olives d'un rouge foncé et luisant, avec un gros noyau. Ses branches vous ont peut-être fourni un bon bâton de marche (p. 36) au moment où embaumaient ses fleurs jaunes. Celles-ci ont donné ces cornouilles acidulées, que vous pouvez goûter sans danger. Mais attention, ne confondez pas avec les fruits du Cornouiller sanguin, qui sont toxiques. Ces derniers sont noirs, beaucoup plus petits, disposés en grappe étalée. Le Cornouiller sanguin, comme son nom l'indique, a des rameaux d'une belle couleur rougeâtre à l'automne et en hiver. Ses feuilles sont nues alors que celles du Cornouiller mâle sont un peu duveteuses en dessous.

Bruyère commune ou Callune

Bruyère cendrée

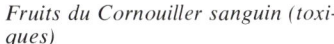

Fruits du Cornouiller sanguin (toxiques)

On trouve parfois dans les clairières de vrais peuplements de Troène vulgaire. Ses baies, elles aussi noires et arrondies, ne sont pas comestibles pour l'homme... mais le Bouvreuil semble s'en accommoder.

La Viorne lantane buissonne surtout sur les terrains calcaires. En avril-mai, l'arbuste velu portait de jolies ombelles blanches qui sont maintenant devenues des baies ovales, groupées, rouges puis noires. Elles sont toxiques.

Une autre variété, la Viorne obier qui, cultivée, est devenue la « Boule de neige » de nos parcs, vous fournira, en plus de ses fleurs odorantes, des rejets vigoureux de rameaux très flexibles qui vous serviront de liens et de lanières et peuvent s'employer en vannerie. Mais ne touchez pas à ses baies rouges, arrondies : elles sont suspectes.

DU CRAMPON À ... L'HÉLICOPTÈRE

Les plantes ont des moyens divers de disséminer leurs graines, et c'est heureux puisque cette dissémination les empêche de s'entasser sous la plante mère et assure la répartition de l'espèce sur des surfaces de plus en plus étendues.

Les unes, comme le Gratteron (ou « Caille-lait »), la Bardane, la Benoîte, profitent du passage d'un promeneur, chien, lapin, pour lui accrocher leurs fruits, garnis de poils crochus, et les faire ainsi transporter, parfois fort loin. Elles font du « stop ! » à leur façon...

D'autres munissent leur fruit d'une aigrette de poils : vous avez vu les graines du Pissenlit, du Chardon, de l'Épilobe emportées par le vent, soutenues par leur parachute de poils étalés.

Certaines graines d'arbres ont fait de l'aéronautique bien avant que les hommes aient inventé ballons, planeurs ou avions. C'est le cas de l'Orme avec ses fruits cerfs-volants, de l'Érable, avec ses samares-hélicoptères.

Il y a même des plantes qui projettent leurs graines, comme des canons miniature ; des fruits qui éclatent comme des bombes en lançant leurs graines dans toutes les directions. La Balsamine, ou Impatience, le Genêt à balais et d'autres plantes à gousses sont du nombre (les parois de la gousse brusquement déchirée et tordue font ressort).

Les graines de l'Épilobe

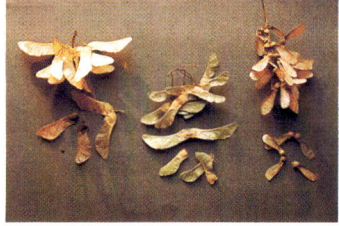

La Bardane.
Les samares de l'Érable.

Au cours d'une réunion, d'un grand jeu, vous pouvez avoir besoin d'accrocher des insignes en papier, des cocardes aux vêtements. Vous pouvez aussi désirer accrocher de petits éléments décoratifs, ou des feuillets de notes, à un mur tapissé de tissu. Décollez pour cela des capitules de Bardane (ils ressemblent à de minuscules artichauts). Aplanissez bien leur base à l'aide de votre canif, mettez-y un point de colle et fixez-la derrière l'insigne à faire tenir. Appuyez sur le tissu à garnir : grâce aux crochets du capitule, cela tiendra très bien.

CULTIVEZ LES FOUGÈRES

La Fougère est si ornementale qu'on aimerait souvent en avoir un beau plant chez soi. Vous pouvez, certes, en transplanter un pied, en ayant soin de prélever la partie souterraine avec les racines adventives. Sachez seulement que les Fougères aiment l'ombre, l'humus et l'eau.

Mais vous pouvez, avec de la patience, vous donner le plaisir de voir naître des Fougères. Récoltez pour cela, en été, des morceaux de fronde portant des sporanges bruns.

Préparez un petit pot à fleurs garni d'humus ou de tourbe que vous aurez au préalable ébouillanté pour tuer les germes étrangers qu'il pourrait contenir. Le pot sera placé dans un récipient au fond garni d'eau sur 3 ou 4 cm.

Faites tomber sur la surface humide du pot les spores de la Fougère, en tapotant le morceau de fronde portant les sporanges. Couvrez cette surface au moyen d'un récipient de verre retourné, ou du fond découpé et renversé d'une bouteille en plastique, afin de maintenir l'humidité. Placez le tout à l'ombre dans une douce température (15 à 20° C.). Et maintenant, attendez patiemment. Selon l'espèce de Fougère, la surface du pot verdira au bout de quelques jours ou... de quelques mois : les spores germent, les prothalles se développent. Suivez leur développement à la loupe. Vous verrez naître les plantules. Quand elles auront 2 ou 3 feuilles, vous les transplanterez délicatement dans un pot plus grand, en prélevant avec elles le terreau qui les entoure. Protégez-les encore en les couvrant pendant quelque temps. Quand vous les jugerez assez fortes, laissez-les se développer à l'air libre, dans les conditions indiquées plus haut pour la Fougère adulte.

Un semis de feuilles d'automne sur un papier Canson teinté peut faire un très joli tableau.

DÉCOR AUTOMNAL POUR OCCUPER LES MAUVAIS JOURS

On peut parfaire le séchage des feuilles mortes et les aplanir en les repassant à chaud sous un linge ou sous une feuille de buvard. Recommencez l'opération après deux jours si elles se sont un peu recroquevillées.

Choisissez les plus belles, unies ou panachées, mouchetées, tigrées, marbrées. Placez-les ensuite sur votre papier, en cherchant les plus beaux effets. Quand les places seront déterminées (mais pas avant!) vous immobiliserez les feuilles une à une au moyen de quelques légères touches de colle. C'est tout.

Si vous voulez les protéger d'un plastique adhésif, étalez

celui-ci bien à plat sur une table, sa surface dépassant un peu celle du tableau à couvrir. Maintenez ses bords (punaises, objets lourds) s'il a tendance à se rouler. Appliquez le tableau dessus, appuyez légèrement. Relevez l'ensemble, rognez les bords du plastique qui dépassent, ou rabattez-les derrière le tableau en coupant les coins.

Ces magnifiques feuilles d'automne vous permettent encore la confection de cartes-correspondance, de cartes d'invitation, de menus, etc. joliment décorés. Avec une ou plusieurs petites feuilles, un brin de mousse, quelques tiges légères de graminées, le tout bien sec et proprement collé dans le coin supérieur gauche, ou sur une face s'il s'agit de cartes, vous pouvez constituer un décor délicat, fragile certes, mais bien personnel. Au besoin quelques traits de plume compléteront cette décoration.

Faites provision des éléments nécessaires, à l'automne quand il en est temps. Gardez-les au sec. Vous aurez ainsi les moyens d'égayer de longues heures d'hiver et l'occasion de faire plaisir à vos amis.

les Feuilles tombent...

Dans la flambée de couleurs chaudes qui embrase progressivement les feuillages, l'automne est sans doute la plus belle saison de la forêt. Cette beauté se paie de la chute des feuilles, un phénomène qui a de nombreuses influences sur la vie forestière.

En novembre, le Chêne porte encore des touffes de feuilles sèches.

Regardons de près ces feuilles automnales. Elles portent les traces de leur lutte pour la vie. Les bords sont frangés de morsures animales. Le limbe est perforé de trous de toutes formes : tantôt il porte des galles en réaction à la piqûre de quelques Cynips ou des tracés enchevêtrés, chemins des larves mineuses ; tantôt il montre des cloques qui sont des nids d'arachnides, des frisures où des cocons d'insectes s'étaient cachés. Des taches jaunes, ocres ou noires sont dues à quelques champignons. Les feuilles vieillies ont rempli leur rôle, elles vont mourir et tomber.

Les plantes soumises, comme tout ce qui vit sur terre, à l'alternance du jour et de la nuit, sont très sensibles à la durée de l'éclairement. Lorsque les jours raccourcissent, un changement profond se fait en elles. Des modifications chimiques se produisent dans la plante. La chlorophylle se transforme en pigments jaunes, bruns, rouges, inactifs, transformation assez rapide, bien qu'il subsiste de la chlorophylle quelque temps encore au long des nervures, même après la chute. Mais les cellules des feuilles détachées meurent, et la jonchée d'hiver dans la forêt prendra peu à peu une teinte « feuille morte » assez uniforme.

Pendant cette transformation, des cellules de liège se développent à la base des pétioles, en une couche qui sépare la feuille du rameau auquel elle tenait fortement jusque là. L'attache devenue fragile cède au moindre vent, au moindre contact, et même sous le seul poids de la feuille. Celle-ci se détache et tombe. Quelques-unes, retenues par leurs vaisseaux plus ligneux, tardent un peu. Celles de nombreux chênes ne tomberont même qu'au printemps, quand pousseront les nouvelles feuilles, et la forêt d'hiver gardera ainsi la parure un peu terne de leur brun rosâtre ou violacé.

Mais, ô surprise, à l'étage arbustif vous trouverez tout l'hiver les feuilles vertes du Houx, du Buis, du Lierre et celles rougissantes de la Ronce : ces feuilles coriaces ne meurent pas toutes à la fois, de sorte que les rameaux toujours garnis semblent porter un feuillage perpétuel.

Regardez bien le rameau d'où la feuille s'est détachée. Une cicatrice y reste, variable selon les espèces mais souvent en forme de V ou de croissant, ouvert dans le haut. Dans l'échancrure, vous verrez à la loupe un bourgeon qui révèle que, tout contre la marque d'automne, le printemps est déjà inscrit.

Feuilles-Fleurs et Feuilles-Papillons

Vous pouvez, pendant les heures où le mauvais temps vous retient à la maison, vous livrer à une occupation fort amusante.

Il vous faut pour cela avoir recueilli au préalable, sur des végétaux divers, arbres, arbustes, plantes herbacées, de petites feuilles que vous choisirez, dans chaque espèce, bien semblables de forme et de taille. Séchées à plat entre des feuilles de papier buvard ou même de papier journal, sous une forte pression, comme on le fait pour les plantes destinées à un herbier, elles vous serviront à constituer d'étonnantes fleurs dont elles deviendront les pétales, ou des papillons dont elles seront les ailes. Vous les associerez pour cela à d'autres éléments végétaux séchés, tiges de graminées, petites graines plates, chatons aplatis, etc. au gré de votre imagination

Vous pouvez, bien sûr, opérer avec des feuilles vertes. Mais si vous récoltez vos feuilles quand elles ont pris les belles teintes de l'automne, vous ferez des combinaisons superbes, riches de couleurs et pleines de fantaisie.

Des samares deviendront ailes de libellules si vous désépaississez la graine qu'elles enferment. Et si vous avez pu en trouver dont le limbe disparu n'a laissé qu'un réseau de nervures sur lequel vous passerez, d'un pinceau délicat, une teinte bleue ou verte, l'évocation de la libellule en vol sera plus nette et votre création plus jolie.

En groupant harmonieusement vos réalisations sur une feuille de papier fort, bristol ou Canson par exemple, avec une belle marge tout autour, vous ferez des tableaux curieux et amusants pour orner les murs de votre maison.

JEUNE OU VIEILLE, CETTE branche ?

Une pousse de l'année a une allure différente de celle des autres parties de la branche qui la porte : écorce plus lisse, autre couleur, bois plus tendre et généralement absence de rameaux latéraux (les bourgeons axillaires, à l'aisselle des feuilles, se développent seulement l'année suivante s'ils n'avortent pas).

Cette pousse allonge la branche dont un bourgeon lui a donné naissance, et vous trouvez à sa base un anneau rugueux formé par les cicatrices plates laissées par les écailles de ce bourgeon lors de leur chute. Vous ne pouvez pas confondre ces cicatrices d'écailles avec celles que laissent les pétioles des feuilles tombées ; celles-ci dessinent sur l'écorce un triangle ou un croissant plus ou moins aplati, mais ne font *pas le tour* du rameau.

Toute la partie comprise entre cet anneau et le nouveau bourgeon terminal, c'est la pousse de l'année. Au-dessous de l'anneau se trouve la pousse de l'année précédente, dont la limite inférieure est l'anneau formé par les cicatrices des écailles du bourgeon dont elle est issue. Et ainsi de suite. Vous pouvez donc, dans de nombreux cas, en « remontant » jusqu'à l'origine de la branche, évaluer son âge en années ; il suffit de compter les intervalles entre les anneaux de cicatrices qu'elle montre ; autant d'intervalles, autant d'années plus une (celle de la nouvelle pousse). C'est valable pour la plupart des feuillus du bois. Mais c'est un peu délicat à voir chez certains arbres (Orme, Saule, Tilleul, Noisetier...) où, le bourgeon terminal ayant disparu, la pousse nouvelle est issue d'un ou des deux bourgeons qui le flanquaient. Il en résulte un petit décalage du rameau, ou une bifurcation. Mais les cicatrices des écailles font le tour de la base de la pousse.

Dans une branche très ramifiée, les branches latérales ont la plupart du temps un an de moins que la portion de branche principale sur laquelle elles ont pris naissance, car le bourgeon qui les a fait naître ne s'est épanoui que dans l'année qui a suivi celle où il est apparu sur cette portion.

Vous vous tromperez peut-être un peu en évaluant l'âge de branches où les intervalles entre anneaux sont très courts ou très contournés. Mais au moins vous en verrez souvent de très âgées pour une faible taille et, mesurant le patient effort de leur longue croissance, vous les respecterez davantage.

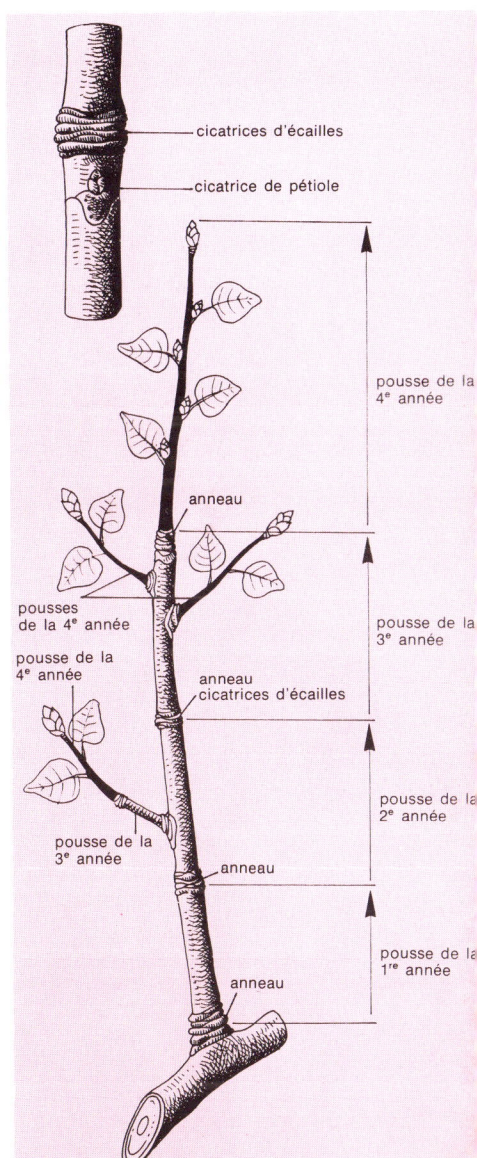

des originaux...

Girolles

Étranges végétaux qui apparaissent en une seule nuit, se développent en quelques heures et dessinent parfois des farandoles ou des « ronds de sorcière » dans les sous-bois!

Les champignons sont des plantes bien originales : pas de feuilles, pas de fleurs, le plus souvent pas de racines. Il en existe des centaines d'espèces dont beaucoup sont les hôtes des bois, depuis ceux qui se présentent en forme de parapluie porté sur un pied, ou creusés en trompette ou en coupe, jusqu'à ceux qui sont alvéolés comme des éponges. On en voit qui envahissent en troupe serrée des souches d'arbres morts, d'autres qui se dressent en petits buissons; d'autres, sans pied, s'arrondissent en petite poire ou en gros ballon, d'autres encore tirent tout à coup une grosse langue inattendue qui sort du fût d'un arbre encore vivant...

Tout ce que vous en voyez n'est d'ailleurs que la fructification de la plante. Tous les champignons ont une sorte de « corps », un thalle, sans vaisseaux ni sève, qui s'étend dans le sol ou dans les racines ou sous l'écorce des arbres-hôtes, sous forme de longs filaments. C'est le mycélium, qu'on appelle encore « blanc de champignon ».

Ce mycélium absorbe du carbone et des substances élaborées par des végétaux dotés de chlorophylle. Les champignons puisent ainsi ce qui leur est nécessaire soit sur les débris en décomposition dans le sol (champignons saprophytes), soit directement sur des organismes vivants (champignons parasites). Le plus souvent le champignon parasite vit aux dépens de l'arbre qui l'abrite, dont il décompose la cellulose; il l'affaiblit ainsi et lui est parfois si nuisible qu'il peut le faire mourir. Mais parfois, plus rarement, cette association profite à l'arbre et lui fournit de l'azote et des vitamines. Parfois même la présence d'un champignon est indispensable à la croissance d'un autre végétal, comme chez les Orchidées par exemple qui ne pourraient se développer si un champignon microscopique n'habitait les racines chevelues de leur tubercule.

Les saprophytes prennent une part active à la décomposition des détritus et remettent ainsi dans le circuit de la Nature des éléments minéraux dont profitent les plantes.

Regardez attentivement le dessous d'un chapeau de champignon de forme courante. Il est tapissé soit de lamelles (on dit aussi « feuillets »), soit de petits tubes serrés, soit de petits aiguillons donnant un peu l'impression d'un tissu éponge. Ces organes — qui vous aideront à identifier les espèces — portent, à maturité, une poussière fine comme du pollen, les *spores* qui, en germant, donneront de nouveaux thalles. Vous ne pouvez les examiner qu'au microscope, mais vous pouvez les recueillir sur un papier propre, placé sous un chapeau de champignon pendant quelques heures; la couleur de la « sporée » déposée est aussi un élément d'identification.

Acquérir la science des champignons ou mycologie demande des années, mais observez patiemment et minutieusement *toutes* les caractéristiques des quelques espèces suivantes et vous les reconnaîtrez sans erreur :

COULEMELLE ÉLEVÉE. Excellent comestible, sans danger si elle est bien cuite. Son grand chapeau peut atteindre 20 à 30 cm de diamètre. On la trouve dans les bois clairs et clairières. Elle sort de terre d'abord en forme d'œuf portant en haut une petite tache brune; puis elle s'allonge et s'épanouit enfin en parapluie, portant au centre un petit mamelon brun et des sortes d'écailles brunes; la peau se détache facilement.

Sous le chapeau, les lamelles sont blanches, fines, très serrées, dégagées du pied, aussi le chapeau se détache-t-il facilement. En vieillissant, les lamelles deviennent roussâtres sur les bords.

Le pied *très élevé*, fibreux, creux (on ne le mange pas) est

Coulemelle

Cèpes

Quelle surprise de découvrir un tel champignon sur le tronc d'un arbre.

garni d'un large anneau coulissant, bien apparent, brun au-dessous. Parfois chiné de brun, à base renflée, il ne comporte pas de volve (petit sac qui enveloppe la base du pied).

GIROLE ou CHANTERELLE. Très bon comestible ! De jaune pâle à jaune d'œuf, elle porte un chapeau charnu, irrégulier et qui se creuse plus ou moins en coupe. Les feuillets, irréguliers, sont plutôt de gros plis qui descendent le long du pied ; ils sont de la même couleur que la tête et le pied. Celui-ci, charnu, fait corps avec la tête et ne peut s'en détacher.

TROMPETTES DES MORTS, à chair mince et élastique, gris chiné par temps sec, noires par l'humidité, forment des entonnoirs creux jusqu'à la base du pied qui les continue. Le dessous du chapeau n'est pas tapissé de feuillets, mais de sortes de veines en relief. Leur parfum est assez prononcé et elles poussent en troupes nombreuses.

CÈPES ou BOLETS. On les reconnaît facilement aux tubes qui tapissent le dessous du chapeau. Le Cèpe de Bordeaux est le plus apprécié des Bolets. Son chapeau fauve ou brun foncé, de 8 à 20 cm de diamètre, est tapissé de tubes blanchâtres, puis jaune clair, qui se nuancent de verdâtre en vieillissant. La chair est blanche et ne bleuit pas à la cassure. Le pied robuste, renflé à la base est chamois ou blanc jaunâtre. Il est assez répandu en France. On le rencontre dans les bois et les clairières en été et en automne.

PIED-DE-MOUTON. Il se dresse au sein des feuilles mortes et des branchettes cassées sur le sol de tous nos bois. Il est de taille très variable : de 5 à 15 cm. Son chapeau, ferme, est de teinte chamoisée très pâle, souvent bosselé fort irrégulièrement. Au toucher il est sans humidité, un peu velouté. De nombreux aiguillons fragiles, un peu plus pâles que le chapeau, se serrent au-dessous. Le pied est robuste mais cassant.

La chair du Pied-de-mouton est épaisse, très blanche et très ferme ; elle demande à être bien cuite.

AVIS AUX AMATEURS

Il est, certes, des champignons délicieux à consommer, mais d'autres n'ont aucun intérêt gastronomique et d'autres, enfin, sont toxiques, parfois même mortels comme la fameuse Amanite phalloïde.

Pour apprendre à les reconnaître sans erreur, rien ne vaut l'aide de personnes expérimentées. Dans toutes les régions de France il y a maintenant des Sociétés mycologiques en relation avec la *Société Mycologique de France,* 36 rue Geoffroy Saint Hilaire, 75005 Paris. Des promenades, des expositions, des séances d'examen au microscope sont organisées. Vous pouvez écrire à ce siège central pour avoir l'adresse de la société régionale la plus proche de votre domicile.

Ne récoltez que les champignons dont vous êtes absolument sûr et, parmi eux, délaissez les vieux et les champignons avariés dont les caractères n'apparaissent plus bien. Si vous avez le moindre doute sur l'identification d'un champignon, rejetez-le : il vaut mieux se priver d'une petite satisfaction gourmande que de risquer une intoxication !

Déterrez bien les champignons que vous récoltez, afin de vous assurer s'ils ont une volve membraneuse au pied. Mais soyez encore méfiant : les Limaces ont pu manger la volve d'un champignon mortel !

Certains champignons comestibles sont cependant toxiques à l'état cru. La toxine qu'ils renferment est détruite par la chaleur. Faites donc bien cuire vos champignons. Et modérez votre appétit, car ils peuvent être comestibles mais indigestes.

Les limaces mangent des champignons vénéneux. N'en concluez pas qu'ils sont bons pour vous, soyez prudent !

Enfin, n'oubliez pas que, selon la loi, tout ce qui pousse dans les

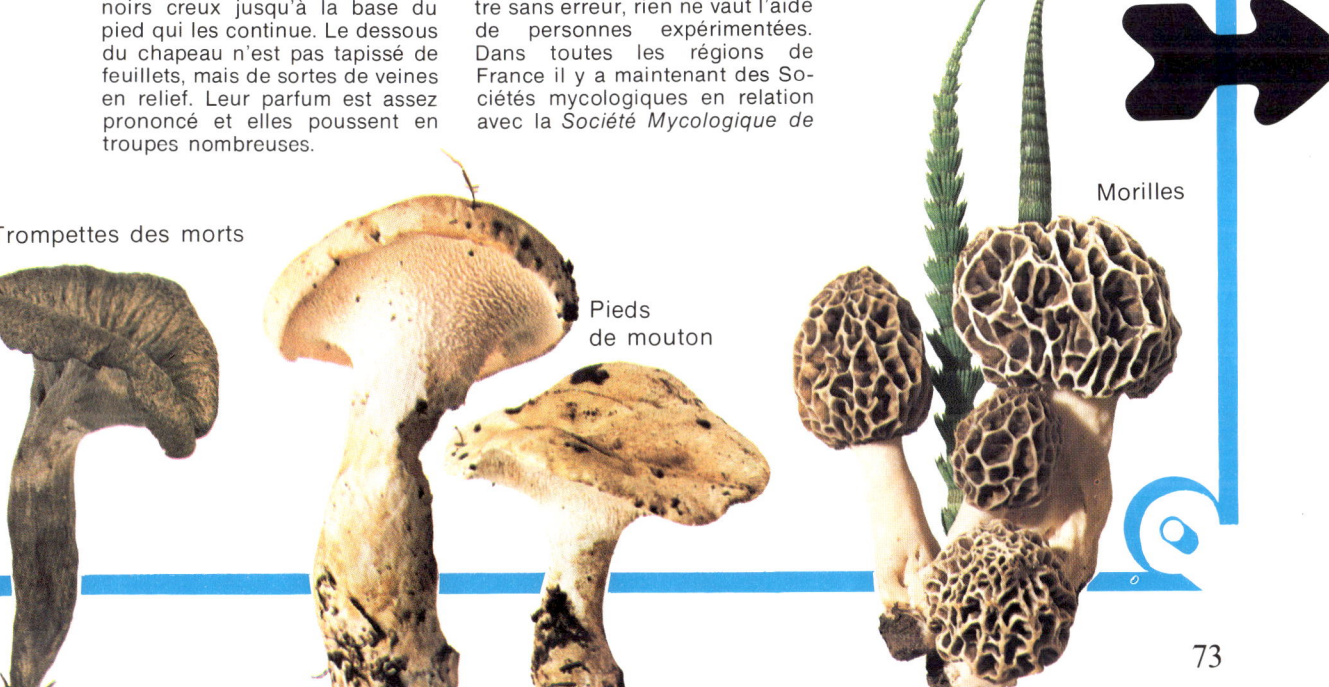

Trompettes des morts

Pieds de mouton

Morilles

Champignons lignicoles sur le bois pourrissant.

champs et les bois appartiennent aux propriétaires du sol. Mais, dans les forêts domaniales, propriété collective ? Il en va de même. Un article du code forestier (décret du 23 décembre 1958) précise que l'« enlèvement non autorisé des fruits et semences des bois et forêts domaniaux est punissable d'une amende proportionnelle au volume des fruits dérobés ». Or les champignons sont des « fruits » de la terre.

Une conserve facile

Certaines espèces se conservent bien quand on les fait sécher. Ce sont surtout les Mousserons d'automne (Marasme d'Oréade), les Trompettes des morts mais aussi les Giroles ou Chanterelles, les Morilles, les Helvelles et les Cèpes.

Il faut d'abord couper la partie terreuse du pied, débarrasser le champignon des herbes, fragments de feuilles sèches qui s'y collent, s'assurer qu'il ne cache ni insecte, ni limace et qu'il n'est pas véreux. Vous éliminerez ceux qui sont vieux, trop mous.

Veillez à ce que l'intérieur des Giroles et des Craterelles soit propre, ainsi que les alvéoles des Morilles. Vous pouvez les brosser au pinceau.

Les gros champignons sont coupés en hauteur, en lames de quelques millimètres d'épaisseur.

Le pied coriace du Mousseron sera coupé au ras du chapeau et non arraché, car le chapeau se casserait.

Enfilez-les sur une ficelle très fine (dite fil de cuisine) à l'aide d'une grosse aiguille. Suspendez ces chapelets au soleil pendant une semaine et continuez la dessication dans un endroit abrité, bien sec. Si le soleil n'a pas suffisamment agi, vous pouvez compléter son action en passant les chapelets à four *très* doux, laissé entrouvert, mais ne commencez jamais par le four, procédez d'abord à l'air.

Conservez toujours les champignons desséchés dans des boîtes ou des bocaux hermétiques et vérifiez de temps en temps l'état de conservation. Quand vous voudrez en consommer, vous les ferez tremper à l'eau froide le temps nécessaire pour les réhydrater, puis égouttez-les et préparez-les comme des champignons frais.

pour les Artistes...

Des plumes d'oiseaux ramassées, soigneusement essuyées, ont été conservées, d'abord à l'air, puis dans une boîte talquée, au besoin avec une boule antimites afin d'éloigner tout parasite.

Des brindilles, des graines sont dans une autre réserve. Les feuilles et les fleurs séchées sont sous presse (p. 36).

Alors qu'attendez-vous pour saisir pinces, brucelles, colle et réaliser de charmants tableaux ? Vos mains sont habiles et les bois ont tant de ressources pour vous ouvrir les portes du rêve !

SAVEZ-VOUS QUE

- la glu se prépare avec le liber (partie de la tige entre écorce et bois) du Houx ?
- les tiges du Gui fournissent aussi de la glu ?
- vous obtiendrez une colle liquide en faisant fondre dans de l'eau chaude les sécrétions gommeuses du Merisier ? Vous ajouterez ensuite une ou deux gouttes de formol pour empêcher sa fermentation.
- certains Robiniers faux-acacias et les Pruneliers ont parfois des épines si longues et si fortes qu'elles peuvent servir de pique-olives, pique-cerises... et même d'aiguilles originales pour extraire les Bigorneaux et les Escargots de leur coquille quand ils sont cuits ?
- les feuilles séchées du Fraisier des bois et de la Ronce font un thé assez acceptable ?
- on mange parfois les toutes jeunes frondes de la Fougère mâle en guise d'asperges ?
- les fleurs et feuilles séchées de l'Aspérule (Reine des bois, p. 23) et du Mélilot, mises en sachet, parfument finement et longuement le linge des armoires ?

voyageurs et sédentaires

Les animaux, eux aussi, ont pris le rythme automnal. Dans les premières brumes, les Pigeons ramiers, les « Palombes », hôtes réguliers des bois et des forêts, même quand ils n'y viennent pas nicher, ressentent l'appel au voyage. Des troupes de centaines de Pigeons venus du nord de l'Europe ont commencé les passages. Les nôtres s'attardent à se gaver de faînes ; certains resteront là tout l'hiver, d'autres partiront avec les forts contingents des derniers jours : le voyage jusqu'en Espagne sera semé d'embûches dues aux chasseurs. Aux abords des Pyrénées, ce sont même des filets piégeurs qui les attendent.

La Mésange huppée, commune en France, sauf en Corse, effectue en automne quelques vagabondages et souvent s'associe, en hiver, à d'autres Mésanges. Elle ne semble pas ressentir l'appel des grands voyages.

Si de nombreux Verdiers, originaires d'Europe centrale, hivernent en Italie, les nôtres en France ne sont que de modestes nomades automnaux.

Le Roitelet huppé, l'un des plus petits oiseaux européens (5-6 g) ne quitte pas la forêt de conifères où il niche et où il reçoit, à l'occasion, des cousins nordiques.

Nombre d'oiseaux migrateurs se lancent dans la mystérieuse aventure. Le raccourcissement des jours est, pense-t-on, la cause de leur départ ; bien avant l'hiver et alors que la nourriture est encore abondante, il provoque des transformations dans leur organisme. Le Loriot, qui nous quitte fin août, ne reviendra que tardivement du cœur de l'Afrique. Le Coucou est également pressé de gagner les forêts africaines ; les Rossignols et la plupart des Fauvettes ne tardent guère non plus...

Les départs s'échelonnent. Fauvette à tête noire, Grive draine, par exemple, ne migrent qu'à l'arrivée du froid, quand la nourriture se raréfie et, souvent, gagnent tout simplement notre Midi méditerranéen. C'est le cas aussi de quelques Pinsons du nord de la France qui se joignent aux vols de leurs congénères venus de Scandinavie, Russie, Europe centrale pour passer l'hiver chez nous.

Il est sous nos climats nombre de « migrateurs partiels », c'est-à-dire de races d'oiseaux dont les individus de certaines régions seulement émigrent. Les Rouges-gorges, par exemple, font partie de ce groupe : des migrateurs, arrivés chez nous en septembre-octobre, nous quitteront fin février, alors que nous garderons nos Rouges-gorges sédentaires. Des Grives litornes, visiteuses d'hiver, ne dérangent pas nos Grives musiciennes qui nous restent fidèles pour la plupart. Aux derniers jours de janvier 1976, sont arrivés dans le nord de la France de petites troupes de très jolies Grives mauvis que l'on n'y voit pas habituellement l'hiver. Comme toutes les Grives en migration, elles voyagent la nuit.

Les renseignements apportés par les baguages du C.R.M.M.O. 55 rue de Buffon - 75005 Paris sont précieux. On a pu constater que beaucoup d'oiseaux encore classés sédentaires effectuent des mouvements dits de vagabondage, durant tout l'automne. Parmi ces nomades se trouvent le Bouvreuil, le Verdier, hôtes des lisières des bois clairs et bosquets, la Corneille noire, la Mésange huppée des bois de conifères.

Parmi nos sédentaires vous trouverez les Pics, la Sittelle (p. 31), la Mésange à longue queue et le minuscule Roitelet huppé qui accueille parfois des congénères venus du Nord.

Le Bouvreuil est un autre semi-nomade, ne voyageant un peu que pour apprécier quelques buissons et fourrés des cantons voisins. Il est commun chez nous, sauf en Corse et dans le Midi. Il niche entre 1 et 2 m au-dessus du sol.

avant l'hiver, sous terre... ou dans la vase

Le Crapaud commun rejoint, en octobre, son gîte d'hivernage : souvent un trou de Campagnol entre des racines d'arbre. Répandu partout, il est gris ou brunâtre, avec le corps particulièrement verruqueux. On peut le voir au sortir d'un creux d'arbre, chassant les chenilles, les Lombrics et se servant de ses pattes antérieures pour maintenir un Ver de terre trop long pour être avalé d'un seul coup...

La Grenouille rousse est bien représentée dans les forêts humides, sur les feuilles mortes de la hêtraie. A la mi-juillet, des milliers de grenouilles nées dans les étangs, les tourbières, les mares, les fossés se sont éparpillées sur les mousses et ont gagné les bois voisins. Celles qui ont trouvé un recoin humide ont échappé au dessèchement du soleil d'été et aussi aux Hérissons, aux Putois, aux Blaireaux, aux Couleuvres — voire aux gros Crapauds capables de gober les petites Grenouilles. Dans quatre ans, elles se reproduiront à leur tour.

La Grenouille agile, au corps élancé, à qui des membres postérieurs très longs permettent des bonds de près de deux mètres, hiverne dans la vase comme la Grenouille rousse.

Mais le Batracien le plus joli de nos bois, le plus spécifique des arbres, c'est la Rainette verte qui ne dépasse guère 4 à 5 cm. Sa coloration, vert tendre sur le dos, est gris perle sur les flancs. Elle change de couleur selon le milieu, ce qui facilite sa dissimulation. Fixée aux feuilles par les ventouses qui terminent ses doigts, elle happe les insectes et les araignées qui passent à sa portée. Dès la fin de septembre, la Rainette quitte l'arbre pour hiverner sous des racines ou des pierres.

Et la Salamandre tachetée? Les bois en abritent beaucoup plus que vous ne pourriez le penser. Il y en a jusqu'à 160 à l'ha dans certaines forêts des Hautes-Pyrénées. Elles se déplacent surtout la nuit.

Dans sa livrée noir et or, la Salamandre vit au pied des arbres ou dans les terriers et galeries abandonnés des petits mammifères. Elle occupe un domaine bien délimité de près de 60 m², avec des places de guet attitrées auprès des arbres.

Les naturalistes nous ont appris bien des choses sur cette forestière méconnue ; par exemple que les Salamandres pouvaient vivre 20 ans et effectuaient parfois de longs déplacements, les mâles cherchant une femelle et les femelles une pièce d'eau pour y pondre en avril ou en mai. Elles savent très bien revenir à leur domaine. Comment s'orientent-elles pour le faire? Encore une énigm à résoudre...

Le terrestre Crapaud commun ne sortira de son trou qu'au début du printemps, juste au moment d'aller se reproduire dans l'eau. Très utile, il est protégé en certains pays.

La Grenouille rousse peut atteindre 10 cm. Il peut arriver que les têtards hivernent dans l'eau, leur métamorphose étant alors reportée au printemps suivant.

Le mâle de la Rainette verte est pourvu d'un sac vocal externe qui lui permet un chant très sonore. La Rainette seule est arboricole parmi nos batraciens indigènes. Elle descend à l'eau la nuit pour revenir le matin sur les branches.

MAL CONNUS, MAL AIMÉS, LES REPTILES...

Dans les parties un peu rocailleuses et sèches des bois feuillus, à leurs lisières, se réfugient parfois des serpents qui n'y vivent pourtant pas à proprement parler. Ils y cherchent à l'automne un trou sous des racines ou des pierres pour préparer leur hivernage. Le corps des reptiles, en effet, prend la température du milieu ambiant, il ne souffre donc pas du froid et c'est là sa meilleure défense. Leurs activités nerveuses et musculaires dépendent de la température extérieure, entre des limites qui ne sont pas les mêmes d'une espèce à l'autre. Le froid ralentit leurs mouvements et il les arrête s'il approche de 0° C. Vipères et Couleuvres hivernent donc, souvent en groupes, sous des racines ou des pierres.

Rassurez-vous, les Vipères ne sont pas fréquentes quoique, le matin, au soleil d'automne, elles viennent encore chasser Souris, Mulots et Lézards avant d'entreprendre le jeûne hivernal. Avec de bonnes chaussures, un bâton dont on frappe les broussailles, pas de crainte à avoir.

Les Couleuvres, inoffensives, qui rendent même de grands services en détruisant force petits rongeurs, sont à protéger.

Il pourra vous arriver de croire à la présence d'une Vipère aspic dans une clairière ensoleillée, couverte de bruyère et de broussailles ou sur une sente en bordure de forêt... alors qu'il s'agira en réalité d'une Couleuvre, la Coronelle. La coloration des deux animaux, souvent semblable, explique la méprise. Si vous faites du bruit, le serpent fait retraite avec des mouvements assez lents et gauches. Cette Coronelle, qui ne dépasse guère 60 cm de long, est couverte d'écailles absolument lisses, ce qui lui fait donner le nom de « Couleuvre lisse ». Dès octobre, elle cherche une cachette pour son long sommeil. Comme tous les serpents européens, elle fera une mue au sortir de ce sommeil hivernal en avril et, ensuite, elle muera chaque mois jusqu'à l'engourdissement automnal suivant. Le biotope de la Coronelle est plutôt la garrigue et le maquis. Couleuvre des bois, et méridionale, voici l'arboricole Couleuvre d'Esculape, gris jaune ou brun olivâtre uniforme au-dessus, jaune derrière la tête. Longue de 1 à 2 m, c'est un grimpeur remarquable, qui s'empare d'oisillons et d'œufs d'oiseaux, mais se nourrit aussi de Mulots, de Souris, de Lézards. Sa bouche, peu extensible, ne lui permet pas d'absorber de grosses proies. Elle les tue en les étouffant entre ses anneaux, c'est donc un serpent constricteur. De juin à juillet, elle pond — souvent dans les arbres creux — une vingtaine d'œufs au maximum, parfois 7 ou 8 seulement, de forme oblongue. L'éclosion se produit en septembre. Au plus tard au début de l'automne, les jeunes sortant des œufs mesurent déjà 20 cm de long. Peu de temps après, l'hibernation commence.

Vous avez fait craquer des feuilles sous vos pieds et, comme un éclair, un Lézard vert a disparu dans son trou, au pied d'une forte haie en bordure du bois. Inutile d'essayer de capturer ce leste mangeur de Sauterelles, de gros insectes, d'Escargots et de Vers qui peut grimper haut dans un arbre si un danger le menace. D'ailleurs le terrier qu'il s'est établi a peut-être bien un mètre de profondeur. Il y va hiverner de fin octobre au début d'avril. Il s'apprivoise bien, mais laissez-le libre. C'est un animal protégé.

Un peu partout en France, c'est plutôt le Lézard vivipare, protégé lui aussi, et le Lézard agile que vous verrez chez eux dans les clairières, sur les talus, les bords des chemins forestiers. Aux premiers jours d'octobre, ils y retrouvent leurs retraites hivernales. A la Toussaint, ils sont profondément endormis dans quelque trou abandonné par un rongeur.

Le Lézard agile (dit aussi Lézard des souches) se capture aisément et s'apprivoise vite, mais n'en faites pas l'essai car il lui faut hiverner en terre, et comme il ne pourra trouver en captivité de bonnes conditions pour passer cette période délicate, il risque d'en mourir.

sommeil des uns ...

Attendrissant sommeil d'hiver d'un jeune Hérisson.

Pendant que les Rapaces continuent de décimer la gent trotte-menu, des mammifères s'engraissent pour leur sommeil d'hiver. Il en est qui sont pressés de s'engourdir. Loirs et Muscardins le voudraient faire dès octobre, aussi se hâtent-ils d'amasser des provisions dans leur nid hivernal. Leur régime est semblable à celui de l'Écureuil, riche en baies et en fruits ; de temps en temps, ils se réveilleront de leur léthargie pour grignoter leurs réserves.

Les Hérissons et les Chauves-souris s'endorment à la fin de l'automne, alors que le Blaireau ralentit insensiblement son activité. Les Mulots et Campagnols se gavent ; ils dévorent même des champignons sans aucun souci du choix car même les terribles Amanites vénéneuses ne troublent en rien leur digestion. Les hautes futaies de feuillus et de conifères n'abritent généralement que des Mulots : le Mulot sylvestre, en lisière, sous les buissons, et le Mulot à collier dans les sous-bois où son terrier à ouverture verticale est souvent situé au pied d'un arbre ou sous des amas de branchages.

L'animal que vous ne verrez sans doute pas mais que vous pourrez entendre à l'automne dans les grandes forêts, c'est le Cerf...

Par beau temps sec, à l'aube déjà gelée de fin septembre, les Cerfs « brament » et la forêt tout entière résonne de cette sorte de mugissement profond qui porte parfois à 3 km. Ils clament leur appel aux femelles et provoquent les autres mâles à la lutte. Le partage des biches se fait au bénéfice des plus forts, et les grands mâles aux puissantes ramures s'affrontent en une série de combats singuliers.

Le Cerf choisit sa propre place de brame et la marque en battant de ses bois un jeune Chêne ou un Bouleau, en grattant le sol là où il va se poster. Les combats se déroulent toujours dans les mêmes endroits bien définis du territoire.

La victoire remportée, le vaincu s'enfuit, condamné pour un an à une vie solitaire. Les combats les plus acharnés surviendront lorsque le Cerf ayant déjà formé sa harde rencontrera un mâle isolé.

Accompagné par un adulte, vous pouvez vous camoufler dans un taillis, contre le vent, après vous être renseigné sur le canton occupé par les Cerfs. Vous entendrez les brames ; c'est saisissant.

Le temps des amours dure de longs jours pour les Cerfs, jusqu'aux froideurs brumeuses de la mi-octobre. Alors, une à une, les voix de la forêt vont se taire.

amours des autres ...

Vous ne verrez sans doute pas un combat de Cerfs, mais vous pourrez entendre le brame, saisissante clameur du mâle. Les Biches, ici, ne semblent guère s'en émouvoir.

fileuses et chasseresses

Les insectes observés en été ont assuré leur descendance ou commencé une vie ralentie, immobile jusqu'au printemps. En terre et au sein des galeries, dans les troncs et les souches, mille larves sont là... Lors de promenades-cueillettes pourquoi ne pas nous attarder, au début de l'automne, auprès des Araignées qui sont partout dans les bois?

L'Argiope rayée (ou « fasciée »), somptueusement colorée, et l'une des plus grandes Epeires d'Europe, construit un admirable nid pour assurer l'avenir de ses œufs puis de ses jeunes.

L'enveloppe extérieure a la forme d'un vase arrondi à col droit; ce goulot est fermé d'un opercule qui s'ouvrira, au printemps seulement, sous la poussée des jeunes Araignées. L'enveloppe est faite d'une soie dont les brins adhésifs forment assez vite une étoffe solide et imperméable. Ce nid est suspendu entre les ramilles et les herbes d'un buisson par des réseaux de fils entrecroisés. La soie blonde de la bourse est zébrée en hauteur de lignes brunes imitant les ombres projetées par les plantes. Ainsi, les prédateurs la trouveront moins facilement.

Une Araignée attaquée lutte de plusieurs façons : en abandonnant la patte saisie par l'assaillant et en s'efforçant d'embarrasser ce dernier de ses fils; en essayant parfois... de l'intimider par des bruits. C'est ce que fait notamment la Pisauride qui produit des sons, tambourinage sur le sol, sur des feuilles séchées, à l'aide de son abdomen ou de ses pattes. Cette chasseresse errante, commune dans les bois, poursuit ses proies à la course dans les endroits découverts mais à riche végétation. Elle tisse un très grand sac à œufs qu'elle porte entre ses crochets à venin (les chélifères). Avant l'éclosion des œufs, elle tisse à une certaine hauteur entre les plantes, une sorte de cloche de 4 à 5 cm de haut, dans laquelle elle abrite son sac qu'elle surveille assidûment de l'extérieur. Quand les jeunes Araignées naissent, elle file autour du nid une toile qui les enferme dans cette « nurserie ». Car les jeunes ont encore besoin de passer par certains stades pour devenir capables de se déplacer et de se nourrir sans l'aide de leur mère. Elles deviennent indépendantes au bout de 8 à 10 jours et se dispersent alors.

Comme le Caméléon ou la Rainette, l'Araignée crabe ou Thomise peut changer la pigmentation de sa peau, pour s'harmoniser successivement avec des milieux divers. Elle prend donc la couleur de la fleur sur laquelle elle fait le guet. Mais il lui faut 2 à 3 jours avant que la modification s'accomplisse.

Pour cacher son sac à œufs dans le repli d'une feuille morte, liée par les fils de soie qu'elle sécrète, la Thomise prendra la couleur de la feuille. Pattes tendues en avant dans une posture de défense, elle restera parfois des semaines entières à veiller sur ses œufs. Son camouflage lui permet de rester inaperçue dans cette position, qu'elle garde jusqu'à la mort, après éclosion de ses œufs. Merveilleux comportement pour assurer la vie de l'espèce !

stockage de... mauvaises Herbes

Malgré leur nocivité pour les arbres, ne maudissez pas aujourd'hui Clématites et Ronces. Elles vont vous fournir un matériau gratuit pour des vanneries rustiques (p. 94).

Récolte et stockage

Vous pourrez les récolter et stocker en n'importe quelle saison ; vous ferez en même temps une œuvre bien utile en débarrassant clairières et fourrés de ces étouffeuses.

Emportez un sécateur, un canif et, si possible, de vieux gants. Choisissez dans le fouillis de Clématites un brin de moyenne grosseur et tirez à vous, sans secousse et le plus loin possible. Cela vient en masse, les nœuds de la tige tirée entraînant les autres tiges. Coupez le plus bas possible, puis dégagez peu à peu : la tige a parfois 3 m de long.

Dégrossissez sur place pour ne pas vous encombrer de feuilles, rameaux latéraux et vrilles inutiles. Réunissez les grosses extrémités de 8 ou 10 brins dans votre main gauche et ployez sans forcer pour faire, en tournant, un petit cerceau de 30 à 40 cm de diamètre. En enroulant, ne vous alarmez pas des petits craquements que vous entendrez : c'est l'écorce, moins élastique, qui claque par endroits ; mais le bois en dessous, est résistant.

Enroulez autour du cercle les extrémités fines sans les casser. Vous rapporterez autour de votre bras les couronnes ainsi obtenues.

De longues ronces de grosseur moyenne sont utilisables aussi. C'est l'écorce, cette fois, d'un beau vert, qui est très résistante ; de plus, les tiges n'ont pas de nœuds. Mettez vos gants pour les récolter, ou faites très attention aux épines. Sectionnez au sécateur les longs brins, grattez-les au fil de votre canif pour faire tomber les épines, ou, du moins, les émousser. Si vous avez du mal à les rouler en cerceau, traînez-les.

Conservez vos couronnes ou vos liasses dans un local plutôt frais ou sur un coin de balcon ; elles peuvent sans inconvénient recevoir la pluie. De toutes façons, vous les ferez tremper plusieurs heures avant usage, pour retrouver leur souplesse.

A temps perdu, préparez les brins. Il en faut de différentes grosseurs, triez et assortissez-les. Désépaississez les nœuds pour qu'ils ne fassent pas trop de butoirs d'arrêt lors du travail, mais, attention ! c'est souvent à la hauteur du nœud qu'un brin casse.

PROTECTION

Par les soirs de fin septembre et d'octobre, des Rapaces nocturnes nés dans l'année se déplacent le long des routes boisées... Les Petits-ducs qui se préparent pour la migration, puis après eux les jeunes Hulottes et surtout les jeunes Chevêches, viennent parfois se heurter contre les pare-brise des automobilistes...

Si l'oiseau est seulement commotionné par le choc, recueillez-le chez vous. Offrez-lui du cœur de bœuf finement haché, mélangé de quelques toutes petites bribes de coton ou de fines plumes afin qu'il puisse former ses pelotes de régurgitation (p. 52). L'eau est accessoire.

Si le rapace se remet vite, relâchez-le à la lisière d'un bois. S'il tarde à recouvrer la santé, mieux vaut le garder en continuant le même régime jusqu'au printemps, où vous lui rendrez la liberté.

La neige, un beau jour, persistera le long des rameaux et les chatons pendant des arbres n'échapperont qu'à demi à sa ruisselante étreinte.

Les Bécasses et certaines Grives sont parties en novembre et, tout animé des vols noirs de Corneilles, le dernier mois de l'année est là avec son soleil pâle, ses longues nuits où il commence à geler dur, les essais furtifs pour saupoudrer de flocons de neige branches et taillis qui ne gardent pas trace de cette chute hésitante et silencieuse... Les forêts de plaine, qu'on les voie grises sous le brouillard ou éclairées par un faible soleil, ne sont plus que des masses dépouillées qui semblent mortes sans le bruissement de leurs feuilles... Pourtant la Vie est toujours là.

L'HIVER

Mieux sans doute que d'autres créatures terrestres, les végétaux sont préparés à bien passer l'hiver. Arbres et arbustes gardent l'essentiel de leurs parties aériennes. Les bourgeons qui donneront des rameaux feuillés au printemps ont été constitués dès la fin de l'été et vont passer la mauvaise saison, bien protégés par leur carapace d'écailles.

Les bourgeons terminaux prolongent les rameaux ; les autres, placés sur les côtés, sont des bourgeons axillaires. A leur base, on reconnaît une cicatrice : c'est la trace laissée par la feuille qui s'est détachée à l'entrée de l'hiver.

Observez les bourgeons du Chêne, par exemple. Arrondis, groupés au sommet des rameaux, comme vous le voyez sur la photo ci-dessous, ils sont caractéristiques avec leurs brunes écailles courtes et larges, disposées sur cinq files. Apparemment, tous les bourgeons du Chêne sont semblables sur chaque rameau, mais, en fait, les bourgeons axillaires en s'ouvrant au printemps ne produisent que des inflorescences de fleurs mâles (chatons). Du bourgeon supérieur sort une pousse feuillée, doublement fleurie : à sa base, ce sont des chatons mâles qui pendent tandis qu'à son extrémité se dresse, au-dessus des feuilles, un petit groupe de fleurs femelles d'apparence très insignifiante.

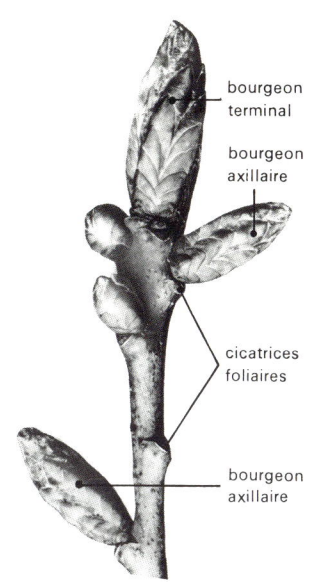

l'art d'hiverner pour les arbres et arbustes

Lors de promenades en hiver, vous voyez des arbres — surtout des Chênes et des Hêtres — qui conservent des feuilles sèches sur leurs branches. Ce sont des feuilles « marcescentes », c'est-à-dire qui se flétrissent sur la branche sans se détacher. Elles ne tomberont qu'à l'éclosion des bourgeons à feuilles.

Chez le Hêtre, ces feuilles marcescentes dégagent des produits nocifs qui, entraînés par les pluies, font obstacle à la germination d'autres espèces végétales. Du coup, vous comprenez pourquoi le nombre et la variété des plantes sont si restreints dans le voisinage immédiat des Hêtres. C'est là le jeu de la nature dans la forêt où tant de forces s'affrontent pour arriver à un certain équilibre ; une végétation folle, gîte d'insectes et larves nuisibles, aurait bien ses inconvénients. Les sylviculteurs dont le rôle est d'entretenir et d'exploiter la forêt tiennent compte des équilibres naturels pour répartir au mieux les essences.

Les Résineux et les Chênes-verts, eux, ne sommeillent pas en hiver, mais ils ralentissent tout de même leur rythme de vie et les feuilles persistantes des Chênes-verts se revêtent d'une fine couche de cellules protectrices.

Bourgeons de Chêne.

Les fruits rouge corail du Houx ne sont pas comestibles. Chacun renferme 4 ou 5 graines à l'intérieur du noyau. Avez-vous remarqué que les vieux pieds de Houx sont moins piquants que les jeunes, car leurs feuilles sont moins dentées ?

au ras du sol et ... dedans

Vous ne voyez plus, dès l'automne, cette ravissante Orchidée sauvage de l'été dont les fleurs ont forme de mouches. Mais, disparue aux regards, elle vit dans le sol par son tubercule. C'est une plante vivace.

Dans les feuillages toujours verts de ces arbres, surtout ceux des grands conifères, bien des oiseaux trouvent encore un abri.

Au gel qui mord leurs tissus, les arbres, selon le tempérament de chacune de leurs espèces, sont plus ou moins sensibles alors que des sous-arbrisseaux comme les Bruyères et les Myrtilles, des plantes frêles même, comme les Pervenches, résistent mieux dans les bois. C'est que leur petite taille (20 à 25 cm au plus) met leurs bourgeons à l'abri de la gelure sous les débris végétaux ou la neige qui les recouvrent facilement.

L'inaltérable Houx est toujours à sa place dans les sous-bois humides et tempérés. Savez-vous qu'il est chez nous, comme le Lierre, un vestige de l'ère tertiaire ? Certains membres de familles végétales qu'on trouve aujourd'hui dans les régions chaudes sont restés, en dépit du refroidissement, dans les territoires qui ont formé notre Europe. Le Houx est du nombre ; il apparaît chez nous comme un original avec ses feuilles persistantes, coriaces, aux pétioles courts, aux bords dentés, caractéristiques de plantes des pays chauds.

Un pied de Houx peut atteindre 15 m de haut. Il a la vie dure et bien peu de parasites l'attaquent. Mais ses fruits rouges le font souvent amputer de ses belles branches, vendues aux citadins aux approches de Noël.

Au ras du sol, sur les chemins forestiers, le Pissenlit, le Plantain, le Fraisier — qui ont toujours une partie de leur tige profondément enterrée — gardent leur bourgeon terminal à l'abri du froid dans une rosette de feuilles. Il vous est facile de constater que le Pissenlit garde des feuilles à longueur d'année.

Et si vous creusiez à quelques centimètres de profondeur, là où vous avez vu fleurir le Muguet et le Sceau de Salomon, ou le Lamier blanc, couramment appelé « Fausse Ortie », vous trouveriez leur rhizome. Ces tiges secrètes voyagent sous terre, à l'horizontale, l'avant s'allonge régulièrement, et d'un bourgeon sortira la tige aérienne, pendant que leur partie postérieure se décompose.

Ainsi de nombreux végétaux disparus de la surface restent vivaces au sein de la terre. Les Jacinthes ont leurs bulbes, les Orchidées leurs tubercules. La vie est invisible mais toujours présente partout. Elle est en attente aussi dans les graines des plantes annuelles qui germeront au soleil d'avril ou de mai.

AU GUI, L'AN NEUF

Le Gui n'a plus pour nous le caractère sacré que lui prêtaient les Druides, grands prêtres de nos ancêtres celtiques, en Gaule. Mais la plante évoque toujours des vœux de bonheur, et elle est loin d'être sans intérêt, quoiqu'elle soit commune, surtout dans le nord et l'ouest de la France. On la trouve sur le Tilleul, le Sapin, le Saule, le Tremble, rarement sur le Chêne, mais surtout sur le Pommier, le Peuplier noir et le Sorbier.

En disposant les branches de Gui sur la table familiale, vous remarquerez que les baies sont souvent groupées par trois. C'était le nombre des fleurs femelles. Un triple bouton floral terminait l'axe de la branche ; mais d'autres groupes de fleurs surgissaient aussi aux articulations des tiges, car le Gui porte des fleurs mâles sur le même pied. Formées dès l'été, elles s'ouvrent au printemps suivant. Les insectes et le vent assurent la pollinisation.

Après fécondation, les fleurs femelles évoluent pour donner ces baies d'un blanc vitreux. Les fleurs mâles, dont les étamines ont donné leur pollen, périssent.

Le fruit, mûr en décembre, persiste l'hiver et ne tombe qu'en avril. Si vous le coupez en deux à partir de l'attache, vous découvrez, dans une pulpe très visqueuse, une graine de couleur verte. La glu particulière qui l'entoure se nomme la viscine. Le qualificatif « visqueux » vient d'ailleurs du nom latin du Gui : Viscum album (viscum signifie « gluant » et album, blanc).

Les Grives draines sont friandes des baies du Gui et rejettent intactes les graines incluses dans les fruits. Mieux encore, à la sortie du tube digestif de la Grive, la graine est tout imprégnée d'un mucus qui lui permet déjà de se maintenir sur la branche où elle est tombée. Elle donne ensuite un germe qui sécrète de la glu, l'aidant à se mieux fixer encore au support. Puis cet organe s'aplatit et forme un disque adhésif. Lentement une racine apparaît et développe un suçoir qui, peu à peu, pénétrera jusqu'au bois après avoir traversé l'écorce.

Sous l'écorce s'allongent des cordons verts à suçoirs secondaires, toujours en forme de coins acérés mais de taille décroissante. Sur ces cordons, des bourgeons donneront des pieds de Gui, moins importants que le pied principal. L'ensemble forme ces boules qui affaiblissent l'arbre porteur. Le Gui est si vorace qu'il parasite parfois sa propre espèce.

Les hôtes du Gui sont bien à plaindre... Au moyen de ses suçoirs, le parasite puise dans la sève brute des arbres l'eau et les sels minéraux dont il a besoin. Les arbres alors croissent moins vite et sont plus sensibles aux maladies ; ils portent moins facilement du fruit... Quand on décèle sur un pommier une première attaque du parasite, mieux vaut couper la branche et la brûler. Mais que faire en forêt ? Se réjouir tout au moins de ce que les Mésanges bleues viennent au secours des arbres : ces petits acrobates recherchent sur les branches les graines de Gui rejetées par d'autres oiseaux et les déchiquettent, nouvel exemple de ces relations complexes qui s'équilibrent en forêt.

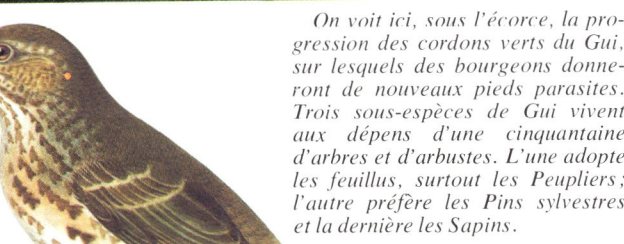

On voit ici, sous l'écorce, la progression des cordons verts du Gui, sur lesquels des bourgeons donneront de nouveaux pieds parasites. Trois sous-espèces de Gui vivent aux dépens d'une cinquantaine d'arbres et d'arbustes. L'une adopte les feuillus, surtout les Peupliers ; l'autre préfère les Pins sylvestres et la dernière les Sapins.

BOURREAUX DES ARBRES

Lors d'une promenade hivernale en forêt, votre attention est fortement retenue par le Lierre. Sa verdure permanente est décorative ; elle avait fait de lui, dans la Grèce antique, le symbole de la jeunesse dont on ornait Bacchus, le dieu du vin. Et puis il apparaît bien original sous sa rusticité, tantôt rampant sur le sol, tantôt fortement soudé à un tuteur d'occasion ; il devient alors un arbuste tortueux, au bois dur, comparable à celui du Buis. Il vaut la peine qu'on s'intéresse à lui.

Ce qui frappe d'abord, ce sont ses feuilles curieuses. Celles des rameaux ordinaires, rampants ou grimpants, sont découpées en 3 ou 5 lobes. Les rameaux qui en sont porteurs sont stériles. Les feuilles des rameaux dressés qui porteront fleurs et fruits sont entières, ovales et plus ou moins allongées. Le fouillis des feuilles grimpantes du Lierre est souvent un bon abri pour les oiseaux.

Le fruit du Lierre se développe durant tout l'hiver, de novembre à mars, et rappelle un peu celui de l'Aubépine et du Sorbier, quant à sa forme. Charnu, c'est une baie d'abord verte, puis noire, à pulpe grise, renfermant généralement 5 grosses graines cornées. Ne goûtez pas ces baies quelque peu purgatives et vomitives pour l'homme ; laissez-les aux oiseaux frugivores qui seront contents de les trouver mûres au tout début du printemps.

Voici donc un arbuste sympathique, surtout si l'on ajoute que ses petites fleurs en ombelles sphériques, qui s'épanouissent de septembre à novembre sont très riches en nectar, butiné par les abeilles.

Comment ce Lierre peut-il devenir un bourreau des arbres ? Il est dans sa nature de s'élever toujours plus vers la lumière. La longue tige rampante que vous venez de dégager présente, par endroits, non plus des feuilles mais de simples écailles. Ces curieuses extrémités s'allongent, se ramifient et se revêtent de poils absorbants : ce sont des racines aériennes adaptées à la fonction grimpante, des crampons. Ces jeunes crampons moulent leur surface sur la paroi du support, épousant ses moindres aspérités, y adhérant fortement.

Plus il est exposé à la lumière, plus le Lierre devient vigoureux. Au sommet d'un gros Frêne, d'un gros Chêne dont il a longuement gainé le tronc, le Lierre étale ses tiges cramponneuses et ses feuilles. Et l'arbre-support, sous ce dôme, reçoit de moins en moins de soleil ; ses propres feuilles n'arrivent plus à exercer la fonction chlorophyllienne indispensable ; il souffre dans son développement car le Lierre l'étouffe. Et si l'homme n'intervient pas, le temps joue en faveur du bourreau : un pied de Lierre peut atteindre 400 ans !

Vous avez peut-être déjà vu dans les bois de grands arbres qui présentent un fort renflement en anneau, situé à moins de 3 m de haut sur leur tronc. Les forestiers nomment ce renflement « graisse du Chêne », parce que le Chêne est l'arbre qui porte le plus fréquemment ce bourrelet très dur. C'est le résultat de l'étreinte d'un Chèvrefeuille.

Cet arbuste grimpant, aux fleurs très odorantes, est connu de tous. Il cherche lui aussi la lumière. La tige du Chèvrefeuille s'enroule, toujours vers la gauche, autour d'un jeune tronc et, de torsade en torsade, se hisse de plus en plus. Si elle atteint une bonne place ensoleillée entre 2 et 3 m sur son support, cette tige s'enroule alors sur les branches de proche en proche. Comme le chèvrefeuille semble incapable de grimper sur des troncs de plus de 15 cm de diamètre, les jeunes arbres sont ses victimes.

Victimes, oui, car la tige du Chèvrefeuille, en tournant sa torsade, serre le jeune tronc au point de l'étrangler. Le tissu vivant de l'arbre réagit ; au-dessus et au-dessous du lacet se forme un bourrelet en spirale qui, parfois, enferme complètement la tige grimpante.

La croissance de l'arbre continue sans doute mais moins rapidement et harmonieusement, et les lésions ainsi occasionnées ont des répercussions sur la forme et la qualité du tronc.

Un autre bourreau des jeunes arbres est la Clématite sauvage, si fréquente aux lisières des bois humides. Elle s'accroche partout avec ses vrilles ; et ses longues branches — comme celles des ronces — prennent racine en touchant terre, ce qui finit par faire un fourré inextricable, étouffant les arbustes recouverts.

Lierre, Chèvrefeuille, Clématite sont donc tour à tour utiles et nuisibles... Voyez combien il est difficile de qualifier tout à fait d'utile ou de nuisible tout être, animal ou végétal, vivant de sa vie sauvage !

LES MOUSSES

Les Mousses sont d'étranges plantes. Sans vaisseaux assurant une circulation de sève, sans racines, sans fleurs ni fruits, comment vivent-elles ? Si vous soulevez une touffe de mousse, elle semble un coussin posé sur une fine lame d'humus où des poils absorbants très fins la fixent : ces poils puisent l'eau du sol qui monte de cellule en cellule dans le végétal. Savez-vous que 100 g de mousse desséchée peuvent absorber jusqu'à deux litres et demi d'eau qu'ils rendront lentement par la suite ? Pour le freinage et la régularisation de l'écoulement des pluies, c'est important. La sécheresse ralentit leur vie, elles semblent mortes alors ; dès qu'il pleut, elles reprennent vie et reverdissent.

Ces rameaux verts produisent, les uns des cellules femelles, les autres des cellules mâles qui, si elles peuvent rejoindre les cellules femelles en nageant dans les gouttes d'eau de pluie, formeront avec elles des œufs. Ces œufs produiront des organes donnant des spores. Celles-ci, tombées sur le sol humide germent en donnant un prothalle qui reproduira des rameaux verts. C'est par cette marche compliquée que les mousses se reproduisent en masse et font l'ornement vivace du sol de la forêt.

L'Hypne triangulaire — qui est la principale mousse d'ornement — forme d'épais coussins dans cette forêt ombragée et très humide. La tige, dressée ou couchée, est irrégulièrement ramifiée.

Voici, en avril, la Funaire hygrométrique qui marque sa préférence pour les endroits où l'on a brûlé des branches, ceux où se trouvent encore parfois des morceaux de charbon de bois, comme ici. Ses petits sacs à sporanges sont inclinés. La soie qui les porte, de teinte jaune et rouge, est très courbée et entortillée.

Le Polytric commun est ici vu en hiver. Ses hautes tiges simples et dressées (jusqu'à 40 cm) ont alors perdu le capuchon (coiffe) qui recouvrait à la belle saison le renflement terminal de la longue soie brun rouge. Les feuilles dentées du Polytric se serrent jusqu'à recouvrir la tige par temps sec et s'en écartent par temps humide.

les mammifères résistent

La neige est venue. Les branches, les brindilles plient sous la charge et quand, enfin, après toute une journée de silencieux flocons, le ciel s'éclaircit vers le soir, une clarté pâle demeure longtemps dans le bois, baignant le treillis de branches.

Bien peu d'animaux pourtant quittent leur gîte. Il est vrai que certaines bêtes à température variable (p. 78), complètement engourdies, ne bougeront plus jusqu'au printemps où le soleil réchauffera l'air et leur corps. Dans les arbres creux (ou dans les clochers des villages voisins qu'elles ont gagnés), des rangées de Chauves-souris dorment la tête en bas, aussi profondément que Loirs et Muscardins en boule dans leur logis. Mais les autres ?

Les Blaireaux somnolent, vivant sur leur graisse, attendant un rayon de soleil pour risquer une sortie.

Le Blaireau (15 kg pour 0,87 m de long), crépusculaire ou nocturne, dort beaucoup en hiver dans son terrier profond aux couloirs et issues multiples. Mais il se réveille souvent.

En plaine, le Lièvre reste roux. Blanc, le Lièvre variable passe ses nuits dans un trou qu'il creuse dans la neige, ou dans un terrier abandonné par les Marmottes...

Mais peut-être des traces sur une neige de fin janvier retiendront-elles votre attention parce qu'elles rappellent celles du chat domestique dans la boue ou la neige d'une cour ou d'un jardin. Elles sont bien d'un félidé : le Chat forestier, ce *Felis sylvester* (p. 62) dont la période de reproduction va débuter au mois de février et se poursuivre jusqu'au mois de juin.

Cerfs et Chevreuils vivent en troupes l'hiver, bien protégés par un pelage plus long, plus épais. Les premiers mangent les écorces d'arbres défeuillés, surtout celles du Hêtre ; les seconds piétinent parfois longuement autour des ronciers en lisières, dans le petit matin. Vous trouverez peut-être, près des traces serrées d'un Chevreuil, ses crottes gelées...

Les Mammifères les plus « en forme », l'hiver, dans les bois, sont peut-être les Renards qui s'accouplent en plein mois de janvier, et ces vagabonds de Sangliers qui crochettent le sol pour trouver larves, Mulots et racines.

sangliers en hiver

La neige couvre champs et forêts. Dans les allées comme dans les sentiers et aux lisières des bois, au matin, le travail des Sangliers se révèle de loin, tranchant en noir sur le sol blanc : les Cochons sauvages ont creusé des trous profonds dans le sol pour découvrir quelques racines.

Si les Chênes se sont chargés de glands à l'automne, si les Hêtres ont porté beaucoup de faînes, et les Châtaigniers des marrons, tout va bien l'hiver pour les Sangliers : ils déterrent les fruits au pied des arbres et dans les cachettes des rongeurs ; la Souris ou le Mulot peut faire au besoin une croquante friandise.

Mais si les fruits ne sont pas tombés en abondance, si la neige est trop épaisse, la vie est dure... L'eau se fait rare puisqu'il faut, dans la forêt, casser la glace pour trouver celle des mares et des étangs. Pour déterrer un bulbe, un rhizome, un tubercule, et même des Vers et des insectes, le Sanglier fouille bien davantage la terre gelée, à l'aide de son long nez très robuste, le boutoir.

Le Sanglier rusé, puissant, se déplace incroyablement vite ; en reprenant souffle de temps en temps, il fournit au besoin de très longues courses. Aussi peut-il, de canton en canton, d'une forêt à une autre, d'un bois à un taillis, utiliser toutes les ressources d'abri et d'alimentation d'une région. Un odorat extrêmement fin, une ouïe délicate, une grande résistance, un fort appétit pour les nourritures les plus diverses l'aident à survivre là où bien d'autres mammifères sauvages ne le pourraient.

Les champs voisins de la forêt sont récoltés, mais parfois, dans des « silos » (buttes de terre et de paille) des fermiers conservent des légumes et les « bêtes noires » viennent chercher là de quoi manger, puis repartent. Quand, au matin, le paysan examine les marques laissées par les Cochons sauvages, après leur ripaille de la nuit, ceux-ci sont peut-être déjà à 30 ou 40 km. Ce sont là des voyages d'errance plutôt que de migration. C'est sans doute grâce à ces déplacements qu'ils peuvent subsister malgré les rigueurs de l'hiver et la chasse impitoyable que fait l'homme à ce ravageur occasionnel de ses récoltes, dont il apprécie beaucoup la qualité de gibier.

Mais les Sangliers ne se laissent pas prendre facilement ; ils empruntent des voies différentes pour mêler leurs traces, ils défoncent des obstacles à coups de boutoir assénés avec leur force de bête sauvage pesant, adulte, souvent plus de 100 kg. Ils sont très braves, font face au danger et se battent à mort. Une bête noire attaquée par un chien peut lui fendre complètement le ventre de ses défenses...

L'hiver, les Sangliers revêtent une tenue spéciale : par dessus la bourre duveteuse qui les protège contre les intempéries, le haut des membres antérieurs se couvre d'une toison de poils frisés. Le dos porte des poils longs, les « soies », qui se hérissent pendant la marche et se dressent même, en cas de danger, au point de former une crinière qu'on appelle d'ailleurs « cimier ». Certains individus sont couleur anthracite foncé, ce qui justifie leur nom de « bêtes noires » ; d'autres, plus nombreux, sont

Pendant que la Taupe, dans son nid souterrain, tapissé de feuilles mortes, est bien isolée du froid par le monticule de terre brune trouant ici et là la neige des sentiers, le Lièvre a calé son arrière-train au plus profond de son trou forestier.

Dans nos pays de plaine ou de basse altitude, le Lièvre n'a pas la ressource de se confondre avec la neige comme le Lièvre variable des Hautes-Alpes, le Blanchon, bien nommé, dont les poils sont tout blancs en hiver... Mais parmi les bêtes forestières dont nous vous avons parlé, un petit fauve prend sa toilette d'hiver : l'Hermine se fait toute blanche, sauf le bout noir de sa queue. La furtive et nocturne Belette, dans nos pays peu enneigés, se fie à la vitesse de sa fuite pour échapper aux prédateurs et se dispense de changer de pelage, mais cela vous amusera sans doute d'apprendre que, dans le nord et le centre de la Scandinavie, elle aussi se met tout en blanc pour Noël...

Des traces de Renard dans la neige d'où émergent des racines d'arbres et des graminées. C'est tout un rébus à déchiffrer.

gris foncé avec quelques poils plus clairs ; d'autres encore gardent leur vie durant les reflets roux de leur jeunesse. Les femelles, ou laies, ont une robe plus fourrée l'hiver, mais gardent leur couleur.

C'est en hiver que les Sangliers s'accouplent. Dès le mois de novembre, une certaine agitation règne parmi les « compagnies » comme on appelle leurs troupes. Elle atteint surtout les mâles adultes vers l'âge de 2 ans 1/2 jusqu'aux grands solitaires de 8 à 10 ans qui se rapprochent des laies. Les mâles se battent pour leur conquête et les luttes sont terribles dans les nuits de décembre.

C'est que la tête du Sanglier, la hure aux solides mâchoires, porte chez les mâles des armes puissantes : deux dents recourbées poussant sur les côtés de la mâchoire supérieure, appelées « grès » ou « meules » et deux dents à la mâchoire inférieure qui se dressent comme des poignards, les « défenses ». Aiguës et droites, ces terribles défenses peuvent atteindre jusqu'à 25 cm de long chez un mâle très fort, de plus de 4 ans ; elles peuvent arriver à se recourber par-dessus les grès chez un grand vieux Sanglier ou solitaire. On dit alors que celui-ci est « miré ».

Après la grondante bataille, le vaincu s'enfuit, perdant son sang. Le vainqueur va vivre un certain temps avec la laie et les jeunes de l'année précédente, qu'on appelle « bêtes rousses ». Le mâle est momentanément le maître et le défenseur de la petite troupe conduite par la laie ; c'est lui qui assure l'arrière-garde, il ferme la marche pendant les déplacements. Puis il s'en va, fin janvier, regagner son « fort » solitaire au sein d'un taillis d'épines ou reprendre ses habitudes errantes. Un bon mois plus tard, il aura repris des forces et de la graisse en mangeant force racines et lapereaux et, s'il en trouve, couleuvres et vipères.

La laie attendra pendant cinq mois la prochaine naissance. Le moment venu, elle prépare, dans son taillis de fougères, un abri de mousse et d'herbes où elle met au monde une portée de 3 à 12 marcassins. Très vifs, rayés dans le sens de la longueur de bandes rousses et grises, ils tètent goulûment, chacun sa tétine. La mère est souvent aidée pour les élever par une vieille laie, sorte de nourrice... Il est, bien entendu, interdit aux chasseurs de tirer sur les petits rayés et sur leur mère.

les oiseaux

Pour toute la gent ailée, la vie est dure. La Mésange n'en finit pas d'extraire une minuscule larve d'araignée dans une écorce durcie par le gel. On voit parfois aux lisières des bois de petits passereaux réunis sur une branche, tassés les uns contre les autres, les plumes gonflées. Ils luttent contre le froid pour maintenir à peu près égale la température interne de leur corps, quelle que soit la température du moment. En gonflant leur plumage, ils ménagent entre l'extérieur et leur corps une couche d'air isolante. Mais le moyen de se réchauffer le mieux possible est encore d'absorber une nourriture qui apporte les calories nécessaires. Alors, tant mieux si, dans les jardins des maisons villageoises et des résidences secondaires, aux environs des bois ou de la forêt, on a planté des arbustes à baies : Sorbiers, Lierres, Cotoneasters, Mahonias, Buissons ardents... dont les ressources viennent s'ajouter à celles des habitats sauvages. Tant mieux si, à la maison forestière et dans celles d'un proche village, on a pensé à préparer des pains de graisse.

Certains oiseaux des bois s'approchent jusqu'aux rebords des fenêtres et c'est merveilleux de pouvoir observer à quelque distance ceux qui viennent aux mangeoires : Rouges-gorges, Pinsons, Fauvettes, Verdiers, Bouvreuils, diverses Mésanges, Sittelles, Pics-épeiches, voire Tarins des Aulnes, selon les régions. Ne parlons pas des Étourneaux, Grives, Merles et Corneilles, toujours affamés et bruyants.

Mais pour les plus farouches, que faire ? Si vous savez vous y prendre avec conviction et gentillesse, vous arriverez bien à persuader tel ou tel propriétaire de prés ou de champs voisins de la forêt de vous laisser répandre sur son terrain des poussières de foin, des pommes et poires pourries, des déchets de légumes et de graisses... qui, d'ailleurs, en se décomposant, ne peuvent faire qu'un bon engrais... Vous souhaitez voir le nombre et la diversité des oiseaux de nos forêts se maintenir et même s'étendre dans un bon équilibre naturel, alors veillez à ne pas détruire et polluer leurs habitats.

Les Corneilles noires se rassemblent en troupes l'hiver. Celle-ci, tassée sur la branche d'un arbre mort, guette-t-elle quelque charogne, sur la terre gelée, aux lisières du bois ?

Préparons les nichoirs puisqu'il faudra les placer en forêt plus d'un mois avant la date connue de construction du nid. Les gardes forestiers qui font partie de l'Office National des Forêts vous diront, pour une contrée donnée, pour quelles espèces d'oiseaux il est nécessaire de faire un effort en vue d'augmenter leur densité (les Etourneaux, par exemple, ne sont pas à encourager...). Ensuite, au travail !

Les fruits et les graines se raréfient, disparaissent; les insectes sont rares, les larves sont cachées... C'est l'époque où la gent ailée se rabat aisément sur tout ce qu'elle trouve de comestible et se rapproche fréquemment des habitations humaines.

Vous pouvez les aider à franchir la dure saison. Sans installation spéciale, offrez à vos protégés une nourriture substantielle où chacun trouvera pitance à son goût. La base : de la graisse, des graines.

nt faim ...

La graisse : margarine, saindoux, bandes de lard, graisse de bœuf, de mouton... Le boucher vous fournira à peu de frais les déchets de gras, les parures qu'il enlève à la viande, et que vous ferez fondre.

Les graines : chènevis, millet, avoine et autres céréales concassées, riz brisé, graines de potirons, de melons, de tournesol... Incorporez-les à la graisse fondue, avec les petits fruits sauvages dont vous aurez pu faire ample provision au moment opportun, et que vous aurez fait sécher à cette intention : (Sorbier pour tous les oiseaux, Sureau pour les Fauvettes, Rougesqueues et Troglodytes, Aubépine pour les Grives, Troène pour les Bouvreuils...)

Laissez refroidir le mélange dans un moule; soit un moule à cake qui vous donnera un pain à découper en tranches; soit des pots à yaourt en carton, traversés d'un fil de fer qui permettra d'accrocher le bloc dans les arbres quand il sera démoulé.

Beaucoup de petits oiseaux apprécient fort un simple mélange de graisse de bœuf et de son, à parties égales.

Isolez au mieux la nourriture pour qu'elle soit à l'abri des rongeurs. Bien accrochée au bout d'une branche très fine où un rat ne pourra s'engager, où un chat ne pourra surprendre les invités, elle est à la portée des oiseaux qui la picorent en voletant ou s'y suspendent directement.

Les oiseaux souffrent aussi de la soif, surtout les jours de gel. Ménagez-leur de petits abreuvoirs (terrines, vieilles cuvettes) dans des endroits abrités. Une grosse pierre, posée dans l'eau souvent renouvelée, dépassera le niveau et leur permettra de se poser pour boire aisément.

un nicheur et un visiteur d'hiver

Un oiseau qui peut nicher au cœur de l'hiver, cela paraît incroyable. C'est pourtant vrai. Des ornithologues, c'est-à-dire des naturalistes qui étudient spécialement les oiseaux, ont observé à plusieurs reprises, dans les Vosges notamment, des jeunes de Bec-croisé des sapins, pépiant au nid fin janvier, après une période de neige.

Le nid du Bec-croisé se trouve à quelques mètres du sol, dans un conifère. Faite de brindilles et de lichens, la coupe est garnie à l'intérieur d'herbes et de fines racines. La femelle y couve, dès le premier pondu, 3 ou 4 œufs qui éclosent après 15 jours.

Les oiseaux, même granivores, nourrissent habituellement leurs petits avec des insectes car ils ont besoin d'une nourriture animale vivante pour assurer leur croissance. Eh bien! le Bec-croisé fait exception à cette règle. La becquée est toujours faite d'une bouillie de graines de conifères. L'oiseau est donc bien adapté à une nidification précoce, parfois hivernale, quand larves et insectes sont encore rares. Cependant la plupart des couvées, ou les secondes couvées, ont lieu au printemps.

Les Becs-croisés des sapins sont sédentaires dans les régions montagneuses de France. Mais certaines années, ils sont si nombreux dans les forêts de conifères et les peuplements d'Épicéas que de grandes bandes envahissent le centre et l'ouest de notre pays. On en voit parfois jusque dans les parcs de la région parisienne.

L'oiseau est facile à reconnaître avec son bec étonnant. Les mandibules recourbées se croisent de telle sorte qu'il est parfaitement adapté à l'extraction des graines de conifères. Les mâles, vêtus de rouge brique, avec les ailes et la queue brunes, contrastent avec les femelles gris verdâtre foncé. Par leur silhouette, par leur façon de s'accrocher aux cônes mûrs des résineux, les Becs-croisés font penser aux Perroquets. Leurs poussins naissent avec des becs droits — plus pratiques pour recevoir la becquée! — qui commencent à se recourber vers l'âge de 3 ou 4 semaines.

Le Tarin des Aulnes est un migrateur partiel, mais ce joli oiseau se laisse régulièrement voir en hiver à peu près en toutes régions de France. C'est aux alentours boisés des rivières et des étangs qu'il faut le rechercher ou dans les forêts de conifères.

Lorsque des Aulnes dénudés portent encore des cônes arrondis, en grappes noires, des Tarins viennent par petites troupes de six, sept oiseaux, parfois plus, pour décortiquer les fruits. S'ils préfèrent plus que tout les Aulnes des bois humides, ils ne dédaignent pas les Sapins, ni les graines des plantes herbacées.

Le Tarin des Aulnes ressemble à un petit Serin; son dos est vert jaunâtre, la queue jaune et noire, le bec plus long, plus aigu que celui du Serin. Le dessus de la tête est noir chez le mâle, gris-verdâtre chez la femelle. S'il a fait quelques tentatives de nidification aux Pays-Bas, il n'est pas prouvé encore qu'il se soit reproduit en France dans les forêts de montagnes où on le rencontre au printemps.

On sait, par les observations des Russes et des Scandinaves, que le Tarin des Aulnes fait une ou deux pontes annuelles dans un nid très soigné installé très haut sur une branche d'Épicéa. Les 4 à 6 œufs que couve la femelle pendant que le mâle la nourrit ressemblent à ceux du Chardonneret, bleuâtres, pointillés de marron. Il paraît que le Tarin tapisse l'intérieur de son nid avec des... cocons d'Araignées.

La Chouette hulotte se fond dans le décor. Son plumage strié et moucheté s'harmonise avec la teinte des troncs et des branches plaqués de lichens. Au crépuscule, qui la soupçonnerait, guettant dans le bois?

Les petits rongeurs représentent une aubaine pour les Rapaces. En effet, Mulots et Campagnols des bois se hasardent parfois hors des terriers où ils dorment de longues heures. L'Epervier qui chasse moins loin l'hiver et s'attarde aux lisières pour y saisir plus d'un passereau sédentaire ne laisse pas courir ces audacieux.

Et si la sortie des rongeurs est un peu plus tardive, gare à la Hulotte! Elle les ajoutera aux réserves qu'elle détient dans des trous de Pics abandonnés par leurs propriétaires car il lui faut passer un hiver confortable : à peine l'année commencée, le mâle, en effet, appelle la femelle par des « Hou! Hou! » répétés. Le couple s'unit dès le mois de janvier et la femelle pondra bientôt.

L'hiver se passe, la neige s'en va et le gel cesse. Voici que les Oies sauvages et les Grues cendrées, un jour, crient haut dans le ciel... Ces migrateurs s'en retournent vers les steppes nordiques et les toundras où ils vont nicher.

A la mi-février, les Moineaux pépient partout et les Merles sautillent allègrement, heureux d'une ration plus substantielle de larves. A l'aube, sur les lisières et dans les clairières des bois, le Renard appelle encore les femelles... Au crépuscule, une Grive, au sommet d'un Chêne, lance les trois notes de sa chanson. Les perles oblongues des Perce-neige saluent les pointes vertes des plantes à bulbes qui percent au travers des feuilles mortes... Il semble que des chatons frissonnent.

Alors le Pinson sent enfin que le printemps est tout proche et que son espoir doit devenir confiance : le premier, parmi les oiseaux forestiers, il entonne la chanson d'amour.

les scolytes ouvriers d'art

La petite Perce-neige mérite bien son nom. Son oignon a vite produit une gaine membraneuse, deux feuilles vertes et, à l'aisselle de la 2e feuille, une hampe florale de plus de 10 cm.

le Faisan

De nombreux insectes pondent sous l'écorce des arbres, et leurs larves se développent en mangeant cette écorce ou le bois. Ce sont des insectes xylophages, c'est-à-dire mangeurs de bois (*xylos* : bois, *phage* : qui mange). Beaucoup sont des dévastateurs qui affaiblissent et déprécient les arbres auxquels ils s'attaquent, surtout les conifères, les Pins en particulier. Certains s'en prennent toutefois aux arbres abattus, au bois sec ou pourrissant, aux souches... Vous ferez d'étonnantes découvertes en soulevant des plaques d'écorce de branches et d'arbres morts. Car les galeries que creusent les larves font souvent d'étranges dessins, celles des Scolytes en particulier, petits coléoptères qui s'attaquent surtout aux résineux. Ils mesurent 4 à 5 mm.

Le Scolyte, mâle ou femelle, perce l'écorce d'un trou à partir duquel la femelle creuse, sous cette écorce, un tunnel rectiligne où elle aligne ses œufs. Partant de là, après l'éclosion, chaque larve creuse sa propre galerie perpendiculairement à la galerie-mère. Les tunnels, d'abord parallèles, s'éloignent en s'incurvant et en s'élargissant à mesure que les larves grossissent. Il en résulte une curieuse décoration symétrique qu'on croirait l'œuvre d'un graveur fantaisiste.

Si vous recueillez une plaque d'écorce portant une ou plusieurs de ces gravures, brossez-la doucement pour faire bien apparaître les galeries et gardez-la en souvenir de vos randonnées forestières. Mais vous trouverez aussi des branches qui, écorcées, se montrent rongées en tous sens par des insectes xylophages. Vous pourrez en faire un bâton de marche, curieusement décoré.

On ne compte pas moins d'une trentaine de variétés du Faisan de chasse (*Phasianus colchicus*) qui, originaire des régions du sud du Caucase, a été introduit comme gibier dans la plus grande partie de l'Europe et de l'Amérique du Nord.

Il vous arrivera, dans les forêts de plaine entourées de cultures, d'entendre le cri du Faisan mâle, vrai coup de trompette... et vous le verrez, seul, ou suivi à petite distance de deux ou trois poules faisanes, traverser un layon. L'oiseau, au plumage cuivré avec des taches noires en croissant, est splendide avec sa queue très longue et les caroncules rouges de ses joues qui font valoir le vert foncé et brillant de la tête et du cou. La brune faisane est plus modeste ; ses faisandeaux lui ressemblent ; ils éclosent, après 25 jours de couvaison, de 6 à 8 œufs pondus sous un roncier.

Dans les clairières des bois comme dans les champs, vous les apercevrez picorant graines et insectes, courant vite mais volant lourdement. Ils passent la nuit « branchés » dans les arbres.

Ces Lérots, — comme leurs cousins, les Loirs, — passent l'hiver dans un trou d'arbre, sous une souche ou dans un trou dans le sol qu'ils tapissent d'herbes et de mousses. Rassemblés, roulés sur eux-mêmes, la température de leur corps étant de peu supérieure à celle de l'air ambiant, ils dorment de septembre-octobre à avril.

vannerie rustique

Instruments : un sécateur et un poinçon. Ce dernier sert à écarter les rangs déjà tressés pour introduire les nouveaux brins; il sert aussi à piquer les montants à couder et à resserrer les rangs du travail.

Préparation : si les brins de Clématite sont très secs, mettez-les à tremper deux heures à l'avance; s'ils sont frais cueillis, un quart d'heure suffit.

Matériau : choisissez les brins les plus forts, d'égale grosseur, pour les *rayons* du fond et les *montants* du panier; les brins souples, les plus longs possible, pour les points de vannerie; on les appelle les *brins tournants*.

Conduite : ne travaillez qu'avec des brins humides, sinon ils casseraient. Chaque fois qu'un brin casse, on retaille en biseau l'extrémité du bout resté dans l'ouvrage, on le mouille et on le recourbe dans l'épaisseur de ce qui est déjà tissé.

Le brin de remplacement (et, de même, tout brin nouveau) est taillé en biseau et introduit aussi profondément que possible le long du montant *précédent*.

Si c'est un montant qui casse, on le double avec un nouveau brin, taillé en biseau pour faciliter l'introduction.

Ayez sous la main une bassine assez large pour y tremper les brins roulés en couronne et même tout l'ouvrage si vous l'avez laissé de côté et qu'il ait séché.

POINTS DE VANNERIE

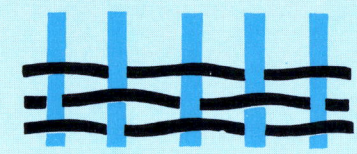

● Point *simple* ou de *reprise* : se travaille avec un seul brin tournant, sur un nombre *impair* de montants. Le brin passe devant 1 montant, derrière le second, devant le 3e et ainsi de suite.

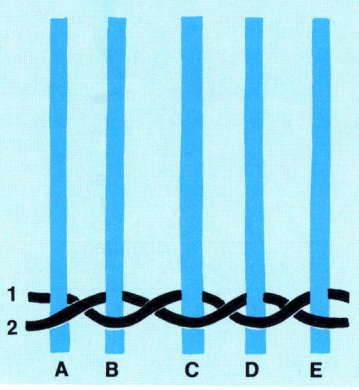

● Point *super* : se travaille avec 2 brins et un nombre pair de montants. Le brin 1 passe derrière le montant A et ressort en avant entre A et B. Le brin 2 passe devant le montant A, croise le brin 1 en passant par-dessus, se glisse derrière B et ressort devant entre B et C.

Le brin 1 passe maintenant devant B, croise le brin 2 en passant par-dessus, se glisse derrière C et ressort entre C et D. Ainsi de suite. Chaque fois que le brin ressort en avant, tirez-le bien vers le bas pour que le travail soit assez serré.

Technique du fond : prenez 8 brins de 15 à 20 cm. Disposez en croix 4 brins dans chaque sens, cela donne donc 16 rayons répartis 4 par 4. Pliez en deux un brin tournant souple et solide. Placez cette pliure à cheval sur un bras de la croix, que vous maintenez en place avec le pouce.

Travaillez en *super*, de gauche à droite. Chaque point, en se croisant, encadre 4 rayons. Serrez le plus possible pour bien les immobiliser. Les nœuds des tiges gênent un peu, aidez-vous du poinçon pour égaliser le travail; s'il y a trop de « clairs », vous les aveuglerez ensuite avec de petits brins, comme on reprise une chaussette.

Partage : après 4 tours de super, partagez en 8 fois 2 rayons : chaque point en croisant serre 2 rayons à la fois. Travaillez bien à plat encore 4 rangs. Puis faites le dernier partage en séparant tous les rayons. Désormais chaque point croise sur un seul rayon.

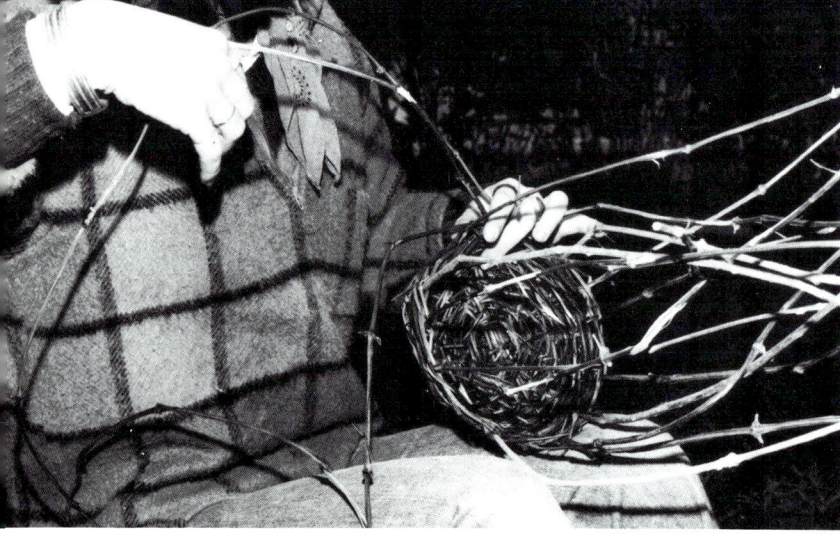

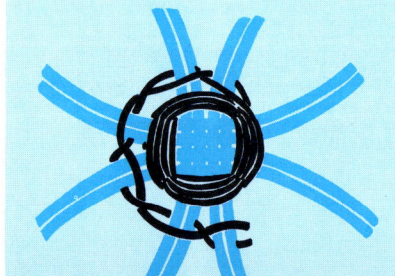

Technique du corps : mettez à tremper 16 montants, de même grosseur que les rayons, d'environ 40 cm de long chacun. Egalisez au sécateur ce qui dépasse des rayons, puis introduisez chaque montant, profondément, le long de chaque rayon. Il faut maintenant les redresser. Pour cela, piquez-les chacun avec le poinçon, au ras du fond, assez profondément mais sans les traverser et redressez-les. Attention ! ne pliez jamais sur un nœud de Clématite, le brin casserait.

Posez un poids sur le fond (un bocal plein de sable fera l'affaire). Attachez les extrémités des brins redressés avec une ficelle. Cela ressemble à une cage...

Travaillez en simple (ajoutez un montant pour avoir un nombre impair) et serrez bien. Pour que ce soit bien vertical, il ne faut pas détacher le haut des montants, ce n'est pas facile. Avec le poinçon, resserrez bien les rangs faits.

Coupez alors le montant supplémentaire pour travailler maintenant en super sur plusieurs centimètres de hauteur. Terminez par la bordure, ou en simple si vous le trouvez plus facile, en ajoutant un montant pour en avoir un nombre impair.

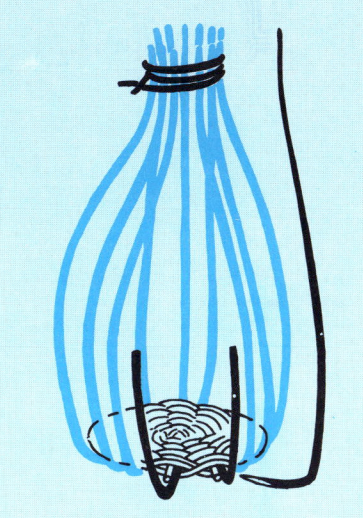

Bordure : faites tremper votre panier tête en bas dans la bassine pour bien assouplir l'extrémité des montants. Puis engagez-les, un par un, sous les montants suivants : devant 2 montants et derrière le suivant, ressortez en avant, serrez fort, tirez bien le bout une fois qu'il est revenu en avant. Pour finir, remouillez, courbez et repiquez à l'intérieur chaque bout dépassant.

Quand tout sera sec, vous couperez à l'intérieur de la corbeille les bouts risquant d'accrocher.

L'anse. La base de l'anse doit enfermer les rangs sous la bordure. Il faut des brins très longs et souples pour les enrouler en spirale sur 3 brins-guides simplement enfoncés de part et d'autre du panier.

Le 1er brin vient, en s'enroulant sur les guides, prendre comme dans une pince les rangs sous la bordure du côté opposé et revient au point de départ en s'intercalant, sans les croiser, entre les spires formées à l'aller. On travaille ainsi, en aller-et-retour jusqu'à ce que les guides soient recouverts. Les brins ajoutés doivent commencer et se terminer aux bases de l'anse.

Les brins de Clématite, récoltés comme il est dit p. 81, sont devenus panier.

AVEC DES PLUMES

Au cours de vos promenades dans les bois, vous avez recueilli, en été ou en automne, des plumes d'oiseaux. Certaines, belles de couleurs et de dessin, entreront dans la composition d'un tableau décoratif.

Une petite plume de geai, si bien colorée de bleu, de blanc, de roux alternés, bien aplatie sous presse et collée avec soin au coin d'une carte de vœux, fait un ornement original.

D'autres se piquent au ruban d'une coiffure. Les chasseurs placent souvent à leur chapeau une belle rémige de l'aile d'un faisan. Sans avoir à tuer l'oiseau, vous pouvez orner votre couvre-chef de la même façon avec une plume trouvée par chance.

Les rectrices (plumes de la queue) des ramiers, convenablement fixées dans une fente à l'extrémité des flèches de votre arc, les empêchent de dévier et de basculer pendant le tir. Et les flèches en sont tellement plus jolies !

Si vous en avez trouvé plusieurs de 10 cm au moins, vous pouvez vous donner le plaisir de jouer au volant, jeu de coup d'œil et d'adresse ! Les volants seront des châtaignes garnies de plumes. Pour les réaliser, percez obliquement, vers l'intérieur, 8 trous dans la partie plate de la châtaigne. Enfoncez-y 8 plumes dont le tuyau aura été, à la base, enduit de colle. Coupez un peu, s'il le faut, pour égaliser les sommets libres des plumes, et vous serez en possession d'un volant de fortune facile à refaire si un jour la châtaigne éclate.

A défaut de raquettes de corde ou de boyau, découpez-en deux dans une petite feuille de contre-plaqué, un peu comme les raquettes de ping-pong.

des abris pour les nids

Vous pouvez aider les oiseaux à se reproduire en leur offrant des nichoirs où leur nid et la couvée seront bien abrités.

Le plus courant, c'est une boîte rectangulaire en planches légères, bien close, de 25 à 30 cm de hauteur, 10 à 12 cm de largeur intérieure, et munie d'un trou de vol, de 32 à 34 mm de diamètre, à 5 ou 6 cm du toit. Un trou de vol plus grand attire de plus gros oiseaux, mais surtout favorise l'invasion des nichoirs par les moineaux.

Le nichoir peut être aussi une bûche ou une demi-bûche creuse non écorcée, de dimensions analogues à celles de la boîte ci-dessus. Vous creuserez l'intérieur à la dimension voulue s'il est pourri, spongieux, vermoulu et, par conséquent, facile à entamer. Sinon, le mieux est de scier la bûche en deux dans le sens de la longueur, pour débiter l'intérieur avec un ciseau ou une gouge, en donnant des traits de scie en long pour faciliter l'attaque. Ne laissez pas d'échardes, passez l'intérieur à la râpe ou au gros papier de verre. Il ne vous reste alors qu'à assembler les deux moitiés en les ligaturant, bien ceinturées par deux fils de fer; ou à clouer une planchette verticale pour fermer la demi-bûche. Vous disposez ensuite le fond et le toit avec quelques clous qui consolideront l'ensemble.

Il est intéressant de ménager une partie mobile, le toit par exemple, qui permettra de nettoyer le nichoir pour l'année suivante quand la dernière couvée aura pris son vol.

Le toit, en pente légère, doit déborder la façade et les côtés pour assurer une bonne protection contre la pluie et contre certains prédateurs. L'étanchéité de l'intérieur est importante.

Ne mettez surtout pas de perchoir devant le trou de vol : certains oiseaux (Pies, Corneilles...) s'en serviraient pour attraper les petits.

Garnissez le fond du nichoir d'une mince couche de sciure de bois mêlée à du sable.

Orientez le trou de vol vers le Sud-Est et calez le nichoir pour que ce trou soit très légèrement penché vers le sol.

Vous accrochez fermement ce logis rustique au tronc d'un arbre entre 2 et 4 ou 5 m de haut. La lisière d'un bois, d'une clairière sont de bons endroits.

Il est remarquable que la plupart des petits oiseaux, si soucieux d'éloigner ceux de leur espèce qui empiètent sur leur territoire, tolèrent très bien, dans le bois, le voisinage de nids d'espèces différentes quand ils sont distants d'au moins 20 m.

Si les nichoirs sont installés à l'automne, les oiseaux ont le temps de les reconnaître et de s'y habituer. De toute façon, ils doivent être en place avant mars.

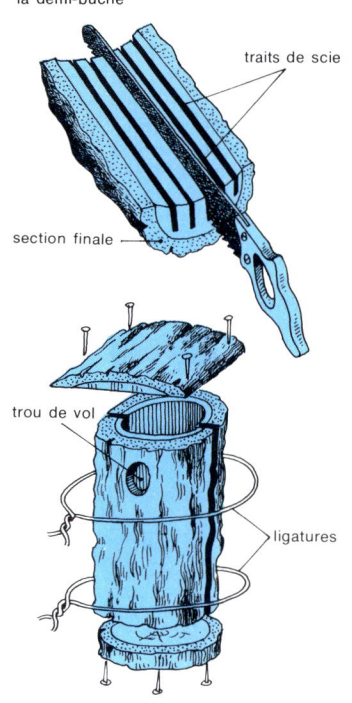

travail de la demi-bûche
traits de scie
section finale
trou de vol
ligatures

DES HEURES DE PLAISIR...

Ce livre vous propose de nombreuses activités en rapport avec vos recherches au bois. Mais vous trouverez dans le livre « **Ce que dit la Nature... DANS LE PRÉ** » des détails complémentaires, des suggestions différentes pour des occupations auxquelles le bois peut vous inviter.

Voici ce que vous pourriez puiser dans cet autre ouvrage :

• des conseils pour vos chasses photographiques, p. 9.

• une façon intelligente d'étudier les fleurs, p. 17 et d'utiliser les plantes et leurs feuilles à des arrangements décoratifs, p. 62, 63, 71.

• des précisions sur les moulages, p. 19, 105 à 107.

• divers moyens d'identification des oiseaux, p. 27, de se servir pour cela d'un guide spécial, p. 26, des façons pratiques d'utiliser vos observations pour constituer un album sur les oiseaux, p. 27 et l'art d'en faire des croquis, p. 28 et 29.

• des notions pratiques sur la constitution d'un vivarium et sur la nourriture de ses ocupants, p. 34, 35, 36 et 57.

• de bons procédés pour constituer un herbier et utiliser les simples, p. 48, 49 et 50.

• une analyse des pelotes de réjection des rapaces, p. 59 et 60.

• les ressources décoratives des toiles d'araignées, p. 69.

• une étude détaillée de la formation des galles, p. 74, 75 et 76.

• la façon de calculer la hauteur d'un arbre, p. 102.

POUR COMPLÉTER VOTRE DOCUMENTATION

Les forêts de France couvrent actuellement environ 14 000 000 d'hectares et l'État, soucieux de notre environnement, continue d'acquérir des terrains qui, confiés à la gestion de l'ONF, seront préparés, plantés et exploités selon les connaissances scientifiques actuelles.
Nous ne pouvons citer toutes les forêts de notre pays mais vous pouvez consulter :

au Ministère de l'Agriculture, le SERVICE DES FORÊTS, 1ter av. Lowendal, Paris 7ᵉ ;

au Ministère de la Qualité de la Vie, le Service ALLO-FORÊT, 1ter avenue de Lowendal, 75007 Paris (tél. 551.61.71).

L'OFFICE NATIONAL DES FORÊTS, qui vous enverra gracieusement, sur simple demande, son calendrier de visites dirigées et commentées dans les forêts domaniales de la Région parisienne.

Les forêts domaniales de la région parisienne sont notamment :

forêt de Sénart (2 600 ha), de l'Isle-Adam (1 500 ha), de Carnelle (1 000 ha), de Meudon (1 150 ha), de Saint-Germain (3 555 ha), de Rambouillet (13 060 ha), de Fontainebleau (17 000 ha, dont 6 000 ouverts au public), de Senlis et d'Halatte (4 300 ha), de Chantilly (6 300 ha, appartient à l'Institut de France), de Pontarmé et d'Ermenonville (3 272 ha), de Compiègne (14 500 ha), de Laigue (3 820 ha), de Retz (ou Villers-Cotterets) (13 000 ha), de Marly, de Montmorency.

En Normandie, les principales forêts sont celles de Lyons (10 603 ha), de Conches (7 363 ha), d'Eu (9 345 ha), de Brotonne (6 756 ha), de Bellême et de Roumare.

En Bretagne, la forêt de Paimpont (l'ancienne Brocéliande...) (6 700 ha), celle du Gavre (4 453 ha), celle de Mayenne (3 770 ha) et celle de Fougères.

En Val de Loire, la forêt d'Orléans (34 000 ha), celles de Vierzon (5 300 ha), le Parc de Chambord (4 771 ha), la forêt de Perseigne (6 000 ha), celle de Bercé (5 445 ha) aux magnifiques futaies et celle de Chinon (5 235 ha) riche en marais.

Dans le Massif central, la célèbre forêt de Tronçais (10 433 ha) où se trouve encore une vieille futaie plantée par ordre de Colbert... pour faire des mâts de navire, et la forêt de l'Aigoual (10 605 ha).

Forêts atlantiques : celle de Chize (4 625 ha, dont une partie seule est ouverte au public), celle de la Coubre, bordant la côte sauvage, celles de la Braconne et Boisblanc (4 000 ha) et, réparties en de nombreuses parcelles, les forêts de pins des Landes qui couvrent un million d'ha, forêts de la Barre de Monts, d'Olonne, de Houstin-Carcans.

En Ariège, les forêts du Couserans (10 000 ha), celle de Foix (5 040 ha), du pays de Soule (7 635 ha) et de Laruns (5 917 ha).

Forêts de l'Est : forêt du Jura (13 059 ha), forêt d'Arc en Barrois (11 000 ha), Massif du Heu (5 600 ha), forêt de Clairvaux (4 650 ha), Parc naturel du Grand Orient (4 651 ha), de Rambervilliers (5 537 ha), de Gérardmer (4 779 ha), de la Hardt (14 000 ha), d'Haguenau (13 900 ha), de Hae (7 000 ha), celles des Ardennes : plus de 13 000 ha répartis en forêts de Révin, Château-Régnault et Sedan, et autant en Argonne.

Dans le Nord : forêt de Mormal (9 163 ha), de Saint-Amand (5 000 ha) et de Crécy (4 211 ha).

En Bourgogne et Franche Comté : forêt d'Othe (16 553 ha), de Chaource-Aumont (5 520 ha) et de Chatillon (8 721 ha), de Chaux, du Morvan.

Midi méditerranéen : la forêt du Mont Ventoux (20 000 ha), forêt du Parc régional du Lubéron (3 189 ha) dont une belle forêt de cèdres; celles de Lure (3 427 ha), du Mercantour (8 300 ha) réserve d'un futur parc national; le Massif des Maures qui répartit 34 200 ha en sept forêts, et celui de l'Esterel (5 754 ha).

En Corse, les forêts de Valdo-Niello (4 700 ha), de Tavignano (4 472 ha) et de l'Ospedale (2 738 ha).

Il faut y ajouter un grand nombre de forêts domaniales ne dépassant guère 2 000 ha, et toutes les forêts communales et particulières... toutes marquées sur les cartes routières par une tache verte.

PARCS NATURELS NATIONAUX ET RÉGIONAUX DE FRANCE

Partout dans le monde, il a paru si important de respecter les équilibres naturels, au moins dans certains endroits, que l'on a créé des RÉSERVES NATURELLES pour la protection des sites, de la Faune et de la Flore. En France, ce sont les Parcs Naturels Nationaux et Régionaux.

PARCS NATIONAUX :

Parc de *La Vanoise,* 53 000 ha. Se renseigner : B.P. 105, rue du Docteur Jullian, 73000 Chambéry;

Parc des *Pyrénées occidentales,* 46 000 ha. Se renseigner : B.P. 300, rue Larrey, 65 000 Tarbes;

Parc des *Cévennes,* 86 000 ha. B.P. 4, 48400 Florac;

Parc des *Écrins* (massif du Pelvoux), 87 000 ha. Se renseigner : 38 rue Pasteur, 05100 Briançon;

Iles de Port-Cros (694 ha).
Se renseigner : Résidence Vendôme-Rivoli, place Lefèvre 89400 Hyères.

PARCS NATURELS RÉGIONAUX (principaux) :

Armorique Bretagne 650 km²; la *Brière* (Loire Atlantique) 400 km²; Parc de *Brotonne* (Haute Normandie); *Camargue* (Provence) 850 km²; *Corse* 1 500 km²; *Forêt d'Orient* (Champagne) 584 km²; *Haut-Languedoc* (Midi-Pyrénées, Roussillon) 1 700 km²; *Landes de Gascogne* (Aquitaine) 2 060 km²; *Lorraine* 1 689 km²; le *Lubéron* (Vaucluse) 500 km²; le *Morvan* (Bourgogne) 1 736 km²; *Maine-Normandie* (de la Manche à la Sarthe) 1 350 km²; le *Pilat* (Rhône-Alpes) 600 km²; St-Amand-Raismes (Nord) 103 km²; le *Vercors* (Rhône-Alpes) 1 350 km²; les *Volcans* (Auvergne) 3 670 km²; les *Vosges* (Alsace-Lorraine) 590 km².

ESPÈCES FORESTIÈRES PROTÉGÉES EN FRANCE

MAMMIFÈRES :
Bouquetin, Castor, Cerf de Corse, Chamois et Isards de l'année, chevrillard (Chevreuil de moins de 6 mois), faon (Cerf et Daim de moins de 6 mois), hère (faon mâle de 6 mois à 1 an), Genette, Loutre, Lynx, marcassin en livrée, Ours, Phoques. Il existe des règlements régionaux pour la chasse des adultes de certaines espèces. Se renseigner sur place.

OISEAUX :
Interdiction absolue de prendre les nids, les œufs ou les petits de *tous* les rapaces diurnes et nocturnes; des passereaux autres que Moineaux, Corneilles et Corbeaux, Pies et Geais. La chasse des espèces suivantes est interdite toute l'année car ces oiseaux sont officiellement protégés : **tous** les Rapaces diurnes et nocturnes, tous les Pics, le Torcol, le Loriot, les femelles et jeunes des Tétras (forêts de montagnes), tous les Hérons, les Coucous, les petits oiseaux d'une taille inférieure à celle de la grive ou du merle.

MOUVEMENTS ET CLUBS EN FAVEUR DE LA NATURE

La FÉDÉRATION DES ASSOCIATIONS DE PROTECTION DE LA NATURE, 57 rue Cuvier, 75005 Paris (tél. 707.31.95) groupe toutes les associations départementales. Vous y trouverez l'adresse de celles qui peuvent intéresser vos déplacements.

Cette Fédération a une section JEUNES & NATURE, 129 Bd Saint-Germain, 75006 Paris. Elle pourra vous donner l'adresse de ceux des 500 clubs qui se trouvent dans votre voisinage.

LA FÉDÉRATION DES JEUNES POUR LA NATURE, internationale, a son siège, pour la France, à : Saint Paul en Jarez, 42320 La Grande Croix; pour la Belgique : Panda Club (World Wildlife Fund) rue Vautier 31 - 1040 Bruxelles.

pour la Suisse : Panda Club (World Wildlife Fund) Case postale 8027 - Zurich.

pour le Canada : World Wildlife Fund suite 353, 2100 Drummond Street, Montréal 25 (P.Q.).

DES ADRESSES UTILES

La SOCIÉTÉ MYCOLOGIQUE DE FRANCE, 36 rue Geoffroy Saint-Hilaire, 75005 Paris, est en relation avec toutes les sociétés mycologiques de province et avec des correspondants spécialisés qui pourront vous aider à des identifications de champignons et vous signaler promenades et travaux pratiques locaux.

Muséum d'Histoire Naturelle, LABORATOIRE D'ENTOMOLOGIE, rue de Buffon, Paris 75005, en envoyant vos spécimens par la poste;

INSTITUT NATIONAL DE RECHERCHE AGRONOMIQUE (INRA) OPIE, Domaine de la Minière. Étoile de Choisy, Route de Saint-Cyr, 78000 Versailles.

LIGUE DE PROTECTION DES OISEAUX (LPO), 37 rue du Docteur Pujos, Rochefort-sur-mer 17300, 75005 Paris.

CENTRE DE RECHERCHES SUR LA BIOLOGIE DES POPULATIONS D'OISEAUX (CRBO), 55 rue Buffon, 75005 Paris.

Rappelez-vous que les insectes xylophages n'attaquent pas seulement les bois en forêt, mais aussi vos meubles et vos poutres... En cas de dégât, demandez conseil au Centre Technique du Bois, 10, avenue de Saint-Mandé, 75012 Paris, tél. 344.06.20.

QUELQUES LIVRES.

Connaissance de la forêt, La Maison Rustique, Paris.

Arbres et arbustes de nos forêts et de nos jardins, F. Nathan, Paris.

Arbre quel est ton nom, Bordas, Paris.

Arbres (Guide de poche), Les Deux coqs d'Or, Paris.

Les arbres de chez nous, Coll. Marabout-Service.

Guide des arbres, Éd. Gallimard, Paris.

L'alphabet de la forêt, Bourrelier (en bibliothèque).

La vie merveilleuse des plantes, Bourrelier (bibliothèque).

Guide du promeneur dans la Nature, Hatier, Paris.

Oiseaux d'Europe (3 tomes), Hatier, Paris.

Oiseaux des jardins et des bois, Delachaux & Niestlé, Paris.

Tous les oiseaux d'Europe, Elsevier Séquoia, Paris, Bruxelles.

Fleurs des bois, Hatier, Paris.

Fleurs des alpages (2 tomes), Hatier, Paris.

Comment reconnaître 30 champignons comestibles, Hatier, Paris.

INDEX

Les nombres en gras renvoient aux illustrations. Sur ces mêmes pages se trouve souvent un texte traitant du même sujet. Les autres nombres renvoient à d'autres passages ou à une légende.

Acacia 20, 25
aire **9**
Airelle 63

Anémone sylvie **22**, 23
Araignée **6**, **80**
Arbousier **65**
arc **33**
Argipe **80**
Armillaire **74**
Arum tacheté **22**, 23
Aspérule 8, **23**, 24, 75
Aubépine 21
aubier. **60**
Aulne **35**
Autour **6**, **9**, 29, **35**, **51**

baliveau 8, 11
Balsamine **43**, 68
Bardane **68**
Bécasse **28**, 29
Bec-croisé **91**
Belette **39**, 89
Biche 37, 40, **41**, **79**
biotope 5
Blaireau **87**
Blé-de-vache **26**
Bombyx disparate 50
Bostriche 49
Bouleau 7, **10**, **18**
bourgeons **14**, 17, 20, **83**
Bouvreuil **29**, **76**
brame **79**
« bréhaigne » 61
brocard 40
Bruyère 28, **67**, 84
bulbes 23
Buse variable **12**, 29, **35**, **51**

Callune **67**
Calosome sycophante 49, **50**, 53, 54
cambium **60**
Campagnol 77, 79
Camponote **54**
Carabes **54**, **55**
Carpocapse **6**
Cèpe **72**
Cerf **41**, **79**, 00
chaîne alimentaire **6**
Champignons 8, **72**
charmaie 7, **10**
Charme 7, **17**
Chat forestier **62**, 88
Châtaignier 7, **18**
chatons 16, 17, 18, 22, 83
Chauve-souris **58**, 79, 87
Chêne 7, **11**, **16**
 » kermès **65**
 » vert 7, 16, 21, **65**
 » liège 7, 65
chenille **5**, **48**, 49, 53
Chèvrefeuille **86**
chevrette **13**, 37, **40**, **41**
Chevreuil **9**, **40**, **41**, 88
chevrillard 40
chlorophylle 5, 70
Chouette hulotte **9**, **92**
Chrysomèle **49**
Cicindèle sylvicole **50**
Cigale **65**
Clandestine **26**
Clématite **86**
Cloporte 56
Compagnon blanc 44, **47**
 » rouge 44
consommateurs 5
Corneille noire **90**

Cornouiller **67**
Cossus gâte-bois 49, 52, **57**
Coucou **4**, **28**
 » des bois 23
Coulemelle **72**
Couleuvre **78**
crampons 86
Crapaud commun **77**
C.R.M.M.O. **58**, 76
crustacés 56
cupule 16
cycle vital 24
Cynips **48**, 70
cynorrhodon 63
Cytise 21

Digitale pourprée **42**
divergence (de feuilles) **35**
drageon **14**

écorces **61**
écosystème 5
Écureuil **9**, **38**, 79
ensoleillement 23
Épervier **51**
Éphippiger 53
Épicéa 7, **10**, **11**, **15**, 20
Épilobe **8**, **44**, 68
Érables 7, **18**, 20, **68**
Escargot **9**
« essences de lumière » 7
 » « d'ombre » 7, 42
étamines 44
Étourneau 31
exploitation 6, **8**

faîne 16, 20
Faisan 28, 29, 55, **93**
faon 37, **40**, **41**
Faucon **29**, **51**
Fauvette **9**, **28**, 29, 76
fécondation 25
feu 64
feuilles **14**, 16 à 20
 » (chute des) 3, 70
 » (décor de) **69**, 70
 » (implantation des) **35**
 » marcescentes 83
floral (appareil) 44
Fougères 42, 43, **46**, 69, 75
Fourmis **6**, **9**, 28, 48, **54**, **55**
Fraisier **47**, 75
Framboise 63
Frêne **17**
Funaire **87**

galles **48**, **49**
garrigue 65
gaulis 11
Geai 29
Genêt à balais **43**, **60**, 68
Genévrier 65
Géophile **9**, **56**
Géranium 44, **47**
gland 16
glu 75
Grand Capricorne **50**
Grenouille rousse 48, **77**
Grive **4**, 76, **85**
grume 61
guet (poste de) **30**
Gui 20, 75, **85**

herbier 25, 97
Hérisson **79**
Hermine **39**, 89
Hêtre 7, **10**, **16**, 49

Hibou **52**, 65
houppier **14**
Houx 21, 70, 75, **84**
humus 56
Hypne **87**

INRA 50, 53, 98
insectes (nuisibles) 48
Ichneumon **57**
Iule **56**
Jacinthe 23, **25**

Laie 89
laie, layon 4, 11, **13**
Lamier **24**, 44
Lapin de garenne **37**
larves 55, 57, 70
Lérot, **3**, 39
Lézard **78**
liber **60**
liège **60**, 70
Lierre 70, **86**
Lièvre **37**, 89
limbe 8, 17, 68
Loir **39**, 79, 87
Lombric **9**, **56**, **77**
Loriot **9**, **28**, 76

maquis 65
Marcassin 89
marron 19
Martre **9**, 38
Mélampyre **26**
Mélèze 7, **10**, **15**
Mélilot 75
Merisier **19**, 75
Merle 27
Mésanges **9**, **28**, **29**, 76, 85, 90
migrateurs 76
Milan **35**
Millepattes 53
« miroir » 41
moisissures 56
Morille **72**
Mousses 8, **87**
Moyen-duc 52
Mulot 79, **93**
Muscardin **39**, 79, 87
mycélium 71
Myrtille 26, 63, 84
myxomatose 37

Nèfle 66, **67**
Néottie **26**
Noctuelle 52
Noctule **58**
Noisetier **22**
nymphe 52, 54, 55

objets décoratifs **45**, **61**, 69, 70
Orchidée 84
Orme **17**, **35**
Orvet **78**
ovaire, ovule 44

parasite 26, 72, 85
pelotes de réjection 52, 97
perchis 11
Perce-neige **92**
Pervenche 24, 25, 84
Peuplier 7, 18
Pic épeiche **4**, **9**, **29**
Pied-de-mouton **72**
Pied-de-veau 22
Pigeon ramier **74**, 75
pigmentation 80
Pin 7, **16**, 20, 53, 65

Pinson **28**, 29, 76
Pisauride **80**
Pistachier 65
Pivert **5**, **6**, 55
plumes **75**
pollen 25, 44, 25
pollinisation 44
Polypode **46**
Polytric **87**
Potentille **43**, 47
Pouillot **9**, 29, **31**
prédateurs 5
presse **36**
Processionnaire des Pins 53
Procuste chagriné 54
prothalle 47, 69
Prunellier 21, 75
Pulmonaire **23**
Punaise des bois, **49**
Putois 39

Rainette verte **77**, 81
rapaces **35**, 81, 92
Réglisse des bois **46**, 47
rejet, rejeton **11**, **14**, 36
Renard 37, **38**, 88, 89, 92
réserves 11, 97
résineux 15, 20
Rhinolophe (Petit) **58**
Rhysse **57**
rhizome 23, **24**, 27, 46
Robinier faux-acacia 20, 21
Roitelet huppé **76**
Rossignol **9**, 29, **30**, 76
Rouge-gorge **9**, **28**, 76, **90**

Salamandre **32**, **59**, **61**, 77
Sanglier 88, **89**
Saperde du Peuplier **49**
Sapin 7, **10**, **15**, 20
Sceau de Salomon **24**
Scolopendre (fougère) **47**
Scolopendre (myriapode) **56**
Scolytes 49, 92, **93**
sépales 44
« serviette » 41
Sirex **57**
Sitelle **9**, **31**, 76
Sorbier **20**
sporanges, spores **46**, 72
strates **8**
suçoirs 89
Sureau 63
symbiose 26
syrinx 30

taillis 11
Tarin des Aulnes **91**
Taupe 37, 89
thalle 72
Thomise **80**
Tilleul 7, **19**
Tordeuse du Chêne 48
Tremble 18
Troène **68**
Trompette-des-morts **72**

Verdier **76**
Vers **56**
Vipère aspic **78**
Violette **24**
Viorne **68**
vivaces (plantes) 24
vivarium 12

xérophile 65

Yeuse **65**

TABLE

INTRODUCTION 3

Une fabrique de vie 5
Toujours la même et toujours nouvelle 6
Le monde des arbres 7
Vocabulaire forestier 11
L'équipement du promeneur forestier 12
Comment se diriger en forêt 13
Quel est cet arbre ? 14
A faire... à ne pas faire 21

LE PRINTEMPS 22
Beignets au parfum de printemps 25
Trois plantes étranges 26
Un brin de Muguet 27
Des nids à tous les étages 27
Un poste de guet 30
Trois champions chez les oiseaux 31
Élevez une Salamandre 32
Pour Robin des Bois. Sifflets sans prétention 33
Pour reconnaître les oiseaux 34
Rameaux mathématiciens 35
Un bel et beau bâton 36
Chevrettes, biches et faons 40

L'ÉTÉ 42
De la fleur au fruit 44
Au hasard des trouvailles 45
De fronde en crosse 46
Priorité aux insectes 48
Rapace d'ombre, le Moyen-duc 52
Processionnaires dans la pinède 53
Des sociétés organisées en forêt 54
Carabus mon ami 54
L'humus et ses hôtes 56

Histoires de larves 57
Pour les jeunes naturalistes 59
Gros balais pour gros balayages 60
Pour mieux connaître l'arbre 60
Avec des écorces 61
Ne rayons pas du terroir le Chat sauvage ... 62
Profitez des fruits sauvages 63
Attention au feu 64
Sous l'écrasant soleil 65

L'AUTOMNE 66
Du crampon à l'hélicoptère 68
Cultivez les Fougères 69
Décor automnal pour les mauvais jours 69
Les feuilles tombent 70
Feuilles-fleurs et feuilles-papillons 71
Jeune ou vieille, cette branche ? 71
Des originaux 72
Pour les artistes 75
Voyageurs et sédentaires 75
Mal connus, mal aimés, les reptiles 78
Fileuses et chasseresses 80
Stockage de... mauvaises herbes 81

L'HIVER 82
Au Gui, l'An neuf ! 85
Bourreaux des arbres 86
Les Mousses 87
Sangliers en hiver 88
Les oiseaux ont faim 90
Un nicheur, un visiteur d'hiver 91
Les Scolytes, ouvriers d'art 92
Le Faisan 93
Vannerie rustique 94
Avec des plumes 95
Des abris pour les nids 96
Pour compléter votre documentation 97
Des livres 98
Index 99

Les documents photographiques illustrant cet ouvrage nous ont été communiqués par :

Atlas-photo : pp. 57, 93 • Bavaria : p. 4 • Bichet : p. 56 • R. P. Bille : p. 39 • R. Brandicourt : pp. 5, 35, 45, 59, 60, 61, 64, 65, 68, 69, 70, 71, 86, 93, 95 • J. C. Carton : pp. 8, 22, 29 • J. C. Chantelat : pp. 4, 12, 52, 96 • A. Charpentier : pp. 24, 46, 48, 56, 61, 83, 85, 87 • Daligaud : p. 78 • G. Dhuit : pp. 4, 41, 93 • J. Douin : couverture et p. 46 • M. Guillon : pp. 49, 78, 80, 82, 92 • INRA (OPIE à La Minière) : pp. 48, 49 • Jacana : A. Ducrot p. 4, Hallo p. 89, C. et M. Moiton pp. 50, 57, P. Petit p. 74, P. Pillard p. 90, V. Rave p. 39, B. Rebouleau p. 90 • E. Lempereur : pp. 11, 21, 36, 59, 61, 75, 94, 95, 96 • R. Maillard : p. 25 • Ministère de l'Agriculture : pp. 6, 11, 13, 64 • R. H. Noailles : pp. 24, 46, 49, 53, 78, 83 • P. Normand : p. 2 • Office du Bois : p. 11 • D. Peslier : pp. 3, 30, 33, 63, 81 • Pitch : G. Abadie p. 39, J. L. Chedal p. 6, Hayon pp. 68, 87, Petzold pp. 48, 65, 73, P. Montoya p. 37 • M. Rapilliard : pp. 37, 40 • Rapho : Ifot/Bergman p. 38, ZFA/Reinhardt p. 89 • Remy : pp. 13, 61, 67, J. P. Bourret pp. 10, 21, 42, 43, 68, 86, A. Gouyon p. 10, Y. Lanceau pp. 3, 5, 25, 27, 61, 62, 65, 66, 68, 78, 80, 85, 87 • J. Six : pp. 32, 41, 49, 50, 53, 54, 55, 56, 58, 67, 68, 77, 84, 86, 90, 92 • A. Sloïmovici : pp. 72, 73 • M. Vandenbhergue : p. 42 • J. Vial : pp. 10, 22, 44, 46, 54, 57, 58, 66, 70, 74, 79, 82 • Vloo : Bossard photo de couverture, P. Charlon p. 22, Collomb p. 41, E. Helfner pp. 39, 40, 79, 88, J. L. Staincq p. 25.

Maquette de
Jacques DOUIN

Dessins et illustrations de
F. BERILLE,
P. DESSON,
J. DOUIN,
K. HISEK.

Imprimé en Belgique
par Casterman S.A. Tournai.
Dépôt légal n° 3704, 4e trimestre 1979.